JN408734

허공에 집짓기

이 도서의 국립중앙도서관 출판예정도서목록(CIP)은 서지정보유통지원시스템 홈페이지(http://seoji.nl.go.kr)와 국가자료공동목록시스템(http://www.nl.go.kr/kolisnet)에서 이용하실 수 있습니다.

(CIP제어번호 : CIP2016015426)

문학공원 시선 108

허공에 집짓기

서창원 제3시집

문학공원

<시인의 말>

4차원의 정보문화를 누릴 수 있어 행복해

나는 세상을 살면서 헛된 일을 만드는 것이 생활의 반이 넘는 것 같다. 일을 하고 나면 마음에 드는 것보다 마음에 안 드는 것이 더 많은 것이다.

허공이란 빈곳이다. 빈곳은 채우면 된다. 채우는 일은 나에게는 어려운 일이다. 완전히 채울 수도 없거니와 채워지지도 않는 것이다. 허공은 그대로 허공으로 놔두어야 할 것이다. 그러나 어디 그런가. 그냥두면 채우고 싶어지는 마음이 있어 무엇인가를 채우고 싶어진다. 마음으로만 채우는 것이다. 이러한 문학적 활동이 내 일의 전부가 된 셈이다. 마음은 정직하고 투명해서 감출 수 없는 것이다. 마음에 담는 것이 시이다. 채우려는 소재가 곧 시이다.

이 시집에는 지난 20년간 인터넷을 통해서 활동한 작품이 위주로 되어 작가네트, 시인학교, 스토리문학관 등에 발표한 시 등으로 구성되어 있다. 인터넷이 우리생활에 다가오면서 새로운 정보문화시대를 열어주었다. 문학의 동기에 자유를 부여하였으며 누구나 평등하게 누릴 수 있는 신 문화권이 형성되었다. 인터넷은 나의 놀이 공간이며 일터이다. 이 시대에 새로운 4차원의 정보문화를 누릴 수 있어 나는 행복하다.

2016년 7월

원흥동 우거에서 서 창 원

<서문>

빅뱅하는 시인, 그 블랙홀로 빨려들다

김순진(문학평론가 · 고려대 평생교육원 시창작과정 교수)

서창원 시인의 시는 다양하다. 힘이 있다. 정이 있다. 이것은 서창원 시인의 시를 본 느낌이다. 그의 시는 너무나 다양해서 자연이 있는가 싶으면 종교가 있고, 종교가 있는가 싶으면 믿음이 있다. 그래서 그의 시에서는 작은 풀꽃도 따사로운 정을 지닌다. 그러므로 그의 시에서 살고 있는 풀꽃과 조약돌과 바람은 모두 정이 있다. 풀꽃은 조약돌을 보듬고 조약돌은 바람을 보듬고 바람은 풀꽃을 보듬는다.

그의 시에는 타자가 있다. 그 타자 속에서 나는 늘 타자가 된다. 타자란 나를 제외한 세상 모든 만물을 이름인데, 결국 서창원 시인의 시 안에서는 생소한 나, 지각하는 나, 감각하는 나를 포함한 모든 것을 타자로 놓고 있다. 그래서 그의 시 속에 공존하는 시어 하나하나는 모두 자아 속의 나이며 그것이 경험이라든지 관찰이라든지 상상이라 할지라도 모두 타자인 나를 발견하기 위함으로 존재한다.

좀 더 우주적인 관점으로 들어가면 서창원 시인의 시는 우주가 터져 빅뱅하고 있는 형국이다. 과학적 용어와 수학적 용어와 인연의 용어가 함께 살고 있어, 한 사람의 생각이 우주임을 증명해 나간다. 서창원 시인은 노인이 아니다. 노인이라 함은 과거로 돌아가는 사람이다. 그런데 서창원 시인은 자꾸만 미래를 행해 걸어 나간다. 그의 발걸음은 바다를 향하거나 푸름을 향하거나 혹여 바람을 향할지라도 그것은 단순한 인생의 소모가 아니라 우주공간을 떠도는 존재로서 작용한다. 그래서 나는 그 블랙홀 속으로 빠져든다. 시인 자신이 우주를 형성하면서 읽는 사람에게까지 별의 자격을 부여해서 우주의 일원으로 삼는다.

서창원 시인의 시는 무계획적으로 계획을 꿈꾼다. 무정하게 정감 있다. 비생산적 활동으로 생산해낸다. 아무 곳이나 무장정 카메라를 들고 떠다니다 닿는 발길에서 위대한 창작품을 생산해낸다. 사랑하지 않으려고 떠난, 이젠 사랑이 끝난 듯한 발걸음에서 풀꽃의 정을 끌어낸다. 이젠 생산적인 나이가 지났음에도 그는 계속해서 생산해낸다.

그러므로 서창원 시인의 시는 색이 마르지 않은 사물을 프로타쥬하고 아크릴 같은 정서를 콜라주하여 사람의 마음을 단계적으로 그라데이션화 한다. 그는 프런티어다. 언어가 어디에 놓이든 그의 시는 새로움을 시작하는 길을 떠나고 있다. 정이 배제된 듯하지만 전체를 아우르고 있는 정서는 부정(父情), 즉 따스하게 집안을 감싸고 돌보아 시 스스로가 성장하게 하는 어버이의 정이다.

이렇듯 출중한 문학가 서창원 시인을 발굴하고 함께 해온 것이 너무나 자랑스럽다. 팔순과 함께 네 권의 시집 상재를 진심으로 축하드린다.

CONTENTS

1부 그리움의 땅 한 평

2부 이 세상에서 쉬운 것

CONTENTS

3부 섬 섬 섬

4부 당신에게 보내는 꽃 편지

CONTENTS

5부 모란이 피기까지

1부

그리움 땅 한 평

허공에 집짓기

내가 허공에 집을 짓는 다면
나는 매일 한 채씩 집을 짓겠다

제일 먼저 지은 집에는
내 사랑이 안주할 수 있게 하고
그 다음 집에는 공허를 맴도는
내 그리움이 머물게 하고
그 다음에는 내 고독이
그 다음은 이별이
다음은 내 번민이
누울 집을 짓겠다

그 다음에는 별이 살도록 하고
그 다음은 바람이
그 다음에는 구름이
그 다음에는 들꽃이
살도록 집을 짓겠다

나는 우리 동네 공지에서
집을 짓는 것을 보았다
몇 달이 걸려 대목수들이
달려들어 집을 지었다

여름이 지나는
빈터에서 살던 풀꽃들이
나비와 잠자리가 날아간 후
풀꽃들은 시들 시들거리며
동리에서 떠났다
나는 그것을 보고
집 짓는 것을 다시 생각했다

내가 지은 집은
구름이 살기에 너무 좁았다
바람이 살기에도 너무 답답했다
들꽃들이 터를 잡고 살기에도
너무 쓸쓸했다
내가 지은 집은
그들이 사는 데는 어울리지 못했다

나는 다시 집을 허물기 시작했다
집을 허물어내도
그곳에 갇혀있는 것은 헐리지 않았다
아무것도 다른 것은 헐어 낼 수 없었다

내 공허의 집에 살던
그리움은 유리벽처럼
더 단단하게 굳어졌다
투명하게 들여다보이지만 그리움은
유리벽 속에서 밖으로 나오지 못했다

하늘의 별처럼
그리움은 내가 슬플 때
초롱초롱하게 보였다

쓸 때만 비우면 됩니다

스님
낙엽이 자꾸 떨어지는데
낙엽을 쓸어 무엇합니까

낙엽은
쓸 때만 비우면 됩니다

쓸 때만 비워도
비워지지 않겠습니까

그리움의 땅 한 평

당신은 내 그리움의 땅 한 평
꽃이 피어나고 어떤 때는
기억의 강이 흘러가고

아물아물 할 때 다시
새파랗게 돋아나는 봄의 들처럼
당신은 내 그리움의 땅 한 평

그 먼 곳에 내 그리움 있는 줄 알았는데
아닌가 봐요 나는 수시로 내 안의
그리움의 풀 뽑아버리지만

당신이 그리워지면 어느새 무성하게 꽃 대궁이 자라나고
어느새 화사하게 무늬 지는 꽃밭 만들어지는 것을
지울 수 없는 당신의 그리움 한 평

그 풀꽃을 솎아 내고
뽑아내도 더 모질게 번지는 것을 보면

당신 그리움을 지우기에는 내 손바닥이 너무 작고
당신의 그리움을 가리기에는 내 가슴이 너무 좁아서
어떻게 할까요

내 그리움 솎아낼 그런 땅 한 평 없나요
내 그리움 묻어둘 땅 한 평 없나요

폐 농가

수태리 가는 길가에 담배 밭이
중풍이든 할아버지가 병상에 누워서
담배 꽃만 무성하다

여름 내내
접시꽃 피는 지방도로에는
구제역 분무기가 약물을 뿜어냈다

새파란 들이 점점 억새꽃을 피우며
고추밭은 빨갛게 독이 올랐다
논둑길 쑥대도
개울가 독사풀도 독이 올랐다

들길을 지나던 바람도 점점 사나워 졌다
담을 타고 오르던 호박넝쿨도
구제역 분무 약물 중독에 시들어 갔다

수태리에는 빈집이 몇 채 생기고
바람도 농가 마루청에서
꽃씨 봉지와 살다
빨갛게 대추로 매달려 익었다

가을은 담배꽃처럼
폐 농가 밭 가운데서
노랗게 물들어 갔다

내 손바닥

내 불경(不敬)의 손바닥 펼친다
손바닥에 마음이 배어 나온다
나는 아무것도 부처님에게 드릴 것이 없다
이세상 올 때도 없었으니 갈 때도 없었다는
내 마음을 보이지만 마음에는 너무 많이
이승을 만진 때 묻어있다

티끌인들 어이 때가 아니랴
사랑인들 어이 마음의 때가 아니랴
그리움인들 어이 마음에 묻어 있는 때가 아니랴

임이시여 때를 벗고자 하오나
나는 때를 벗지 못 하나이다
임이시여 님에게 때를 드리기에는
너무 내 모습 초라하여

나는 끝내 손바닥을 엎어 버린다
내 손안에 더러운 이승의 때 다시 쥔다
켜켜이 묻어나는 그리움의 편린
실상의 미련을 더는 버리지 못 하는
내 굴욕 앞에 엎드려

밖을 보니 절 뜰 동백꽃이
왜 붉게 터지는지
그 울음 내게 와서 있는 줄
그리움의 속세에 내가 있으니
어찌 동백꽃과 같이 어울려 울지 않으리

하회 마을

겨울 강폭에 주저앉은 하회마을
연두댕기 탈을 쓴 하회별신굿놀이터

칙칙한 짚 썩는 냄새
토담길 황토 냄새
진흙으로 기와를 이은 낡은 집들이
도열의 깊이에서 허물어지고

빙하기의 뗏목에 실려온
핏줄을 들어낸 소나무 결이 드러난
한옥 툇마루 난간

낙동강 풍장으로
탈을 쓰고 말 없는
깊이 패인 작은 마을을 본다

토담 아래 맑은 우물에
동동 뜬 하늘같은
물 내 같은 하회마을

별신의 춤
풍무의 노래 가락
두레굿
풍물굿
굿판을 본다

투시된 내 뼈

X레이로 찍은 내 육신은
뼈만 보여줘

그녀가 속삭인 말도
필름에는 뼈가 되어있어

사랑이 그랬을 거야
아냐 이별이 그랬을 거야

X선이 뼈를 만든 것은
내 공허의 손이야

잡히지 못하는
내 영혼의 질긴 가시야

알 듯 했어요

처음에는 전혀 몰랐어요
두 번째도 잘 몰랐어요

세 번째는 알 듯 해요
네 번째는 알아 차렸어요

그러던 것이
시간이 지나고
다 안다고 싶었어요

사랑은 점점
의문으로 다가 왔어요

이별로 눈물 흘렸어요
그리워서 눈물 흘렸어요

눈물로 다 지워버렸어요

폐가 한 채

사람이 사는 집이 아니면 당치도 않게 벌레들이 숨어 와서 어느 사이 기둥이며 벽이 헐려 나간다 사람이 살지 않으면 빈집도 덩달아 매일 같이 벽을 갈아먹고 창문을 갈아먹고 살다가 앞마당의 해바라기 여물 때 풀을 키워두고 집채도 소멸의 곰팡이 균을 기르며 점점 벽을 헐어낸다 문고리에 달린 쇠도 썩으며 집을 비트는 언덕 방은 빈 공간에 주인 없는 것을 어찌 아는지 날마다 창문 찢으며 바람의 통구 하나 만들어 놓고 울며 울며 벽이 조금씩 헐리는 저 언덕바지에 덩그렇게 있는 폐가 사북 탄광 까맣게 산비탈 헐어내며 벽을 허는 공가 이가 박가 살던 탄광촌

초롱꽃 · 2

산
초롱꽃

반은 희고
반은 연붉은
살

하나 만으로는
단조로운 게지

꽃도 그리움 있어
반 반 갈라
색깔 냈나 보다

큰 산도

대웅전 단청 무늬 연꽃에
달이 앉아

밝은 창명(彰明)으로
은거의 문을 열고 환해졌다

밝음이
산에 차도

산은 산 냇물로
달빛을 풀고 울고 있었다

큰 산은
작은 나뭇잎으로

입을 막고
울고 있었다

터미널

공산성 꽃노을 삭힌 영은사
나루터 금강 곰나루 뱃사공 간데없고

우금 티 고개
하얀 모래밭 웅천강지나
연등불 밝힌 갑사터미널에 이르러

단청 꽃 치마 입은 절 안에서
물 한 모금씩 목청을 적시는 사람들
구름 티켓 한 장씩 들고 가려나

이 세상 어디나 인연을 맺고
떠나는 터미널인 걸

통도사 가는 길

산이 타는 듯하지만
타는 것은
산빛이다

불길에도 절은
가비라에 깊이 은적하여
가을을 빚은 냇물을

산의 발원지에서
다른 지척으로
옮겨 주고 있었다

모든 것은
끝이 있는 듯하지만
출발하는 길만 있었다

산사는 나무와 냇물을 놓아주워도
절 주위에 머물러 있었다

통도사 가는 길도
내게는 끝이 없는
다시 돌아오는 길이었다

적색깃발

붉은 색깔은 빨갱이 색이었다
색깔논쟁은 해방이후 우리를 덮친 적조였다

무고한 반란이 일어났다 전쟁보다 슬픈 가혹한 색벌(色罰)이 있었다 해방은 적군을 만들고 친일파가 득세하고 친미파가 정권을 장악하고 허울 좋은 민주화를 표방해갔다 민주화는 노골적으로 점진적 개혁을 불러왔다 사상의 임계선을 긋고 수십만 명을 가두었다 적조에 물들고 엥겔계수에 미치지 못하는 놈들은 처단했다

서서히 민주화는 독성을 가지고 코클로디니움으로 한반도를 적셨다 붉은 물감으로 칠했다 반쪽은 적조였다 반쪽은 반 적조였다

반 적조현상에서 독재가 탄생했다 군사독재는 클로모나스(chroomonas)로 반도의 대륙붕을 물들였다 점점 적조현상은 도랑을 타고 넘쳤다 강으로 바다로 넘쳤다 처음에는 플랑크톤으로 백성들이 먹고살았다 점점 적조현상은 코클로디니움[1])으로 악성화 해갔다 내성이 생기기 시작했다 배가 불러가며 그렇게 되었다

---

1) 코클로디니움: 유독성 푸랑크톤 적조생물

군사독재와 문민독재가 판을 치고 정권에 눈먼 적조현상으로 한반도를 물들여 갔다 코클로디니옴으로 적조해 갔다 아집과 돈으로 권력을 치부하며 열등의 타락으로 몰락해갔다

붉은 사람들이 일어났다 월드컵의 날 붉은 악마들이 광화문 시청 앞 광장으로 몰려 나왔다 트리코모나스병원균처럼 광화문 입구를 물들였다 질 입구를 점령한 세균의 포진처럼 그들은 당당하게 붉은 적조로 물들어 갔다

혁명의 질구(膣口) 청와대가 숨어있는 삼각산의 도화선은 늘 불탔다

악질의 모리배들에 의해 불탔다

제대로 국민을 다스리지 못하는 무력자들이 치부책에 돈준 놈들의 이름을 새겨 넣고 있는 동안 광화문은 환희의 띠로 물들어 갔다 미국대사관 앞에서 정부종합청사 앞에서 덕수궁 앞에서 종로에서 을지로에서 그들은 서울의 심장부를 적조로 물들였다

붉은 혁명이 일어났다

도도한 물결을 타고 혁명이 색깔혁명이 일어났다 우리들의 이데아에 혁명이 일어났다 낯선 빛깔들이 한반도를 점령했다 붉은

악마들이 쏟아놓은 밝고 고운 적조에 물들어갔다 서서히 속도를 내며 물들어갔다 동방이 빨갛게 클로모나스(chroomonas)[2]로 물들어갔다

피의 혁명보다 진한 아집을 깠다
시민들은 적조 혁명하고 있었다

낡고 병든 정치는 여의도 국회의사당에 감금되었다 불치의 명예훼손을 고발하고 또 고발하는 악습으로 정치는 치명적인 코클로디니옴으로 적조해갔다 정치는 돈으로 붉게 물들어갔다 정치는 혓바닥에서 치주염으로 곪았다

구린내 나는 정치는 마늘장사도 망쳤다 메이드인 차이나가 한반도를 적조해왔다

나염을 물들이며 비단을 붉게 물들이며 차이난들이 몰려왔다
코로세움 같은 국회의사당은 뼈를 남긴 채 유적이 되어 있었다
천년 후쯤… 그럴까

---

2) 클로모나스(chroomonas): 무독성 푸랑크톤 적조생물

약전거리

약전거리 즐비한 약 창고
약 냄새 약 뜨는 사람 약 찾는 사람

당귀 백봉령 인진쑥
잘게 썰어 말린 구절초

개불알꽃 말림, 얼레지꽃 말림,
머위꽃대, 으름꽃술 약봉지

할미꽃가루, 냉이꽃심
꽃약이 되는 것은 이것뿐만이 아니라
사람 마음도 약이란다

약봉지 주렁주렁 한약방 문설주에 매단 노인
흰 수염 쓰다듬으며 사주팔자 섞어서 약방문 적어 내려갈 때
어허 백약이 무효야 마음이 아프구먼
마음에 듣는 약은 마음이야

마음을 트고 나면 이 세상 모든 것이 약이야
하늘도 약이야
먼 산의 구름도 약이야
꽃을 활짝 펴주는
봄도 보약이야

어느 날

물빛 대지에
들꽃이 피어나면
바람이 제일 먼저 와서
울고

산 넘어 보이지 않는
긴 강을 따라 간
바람이 돌아 와서
안개 덮인 강물과
훌쩍이며 같이
울고

영원한 것 없다는
황홀한
꽃피는 언덕에 와서
울고

어느 날은 울음으로부터
시작하였다는
나와 같이 말입니다

억상분별(憶想分別)[3]

구름에 실려 가다
바람에 떠서 가다

잠시 멎어 내려 놓은
억상분별(憶想分別)의 자비천(慈悲天)
봉정암

독성나한봉 지장봉 등에 대고
기린봉 범바위 평풍처럼 두르고

구름 위에 뜬 보궁(寶宮)
영원으로 가는 배 떠있구나

3) 억상분별(憶想分別): 모든 인간에게는 여러 가지 성질, 여러 가지 욕구, 여러 가지 행동, 여러 가지 관념이 있다. 또한 모든 사람에게 갖가지 선을 생기게 하는 능력을 가지고 있다. 그러나 그것을 원한다고 되는 것이 아니라 행하고자 하는 데에서 얻을 수 있다는 것이다. 이것이 곧 억상분별(憶想分別)이니 행하지 않고 얻는 다는 것은 샘에서 손을 대지 않고 물을 먹겠다는 것과 같은 것이다. 선을 행하는 선근(善根)의 능력이다.

제비꽃 묻어두고 갔네

임 가시리라
그 때는 아무것도 몰랐네

임 가시리라
그때는 돌아올 것 같았네

임 가시리라
한 세상 다 지나도 소식 없고

임 가시리라
꽃 무덤에 제비꽃 묻어두고 갔네

임 가시리라
풀 섶 우거질 때 벌초하러 오겠지

임 가시리라
그리움 무덤 하나 산비탈 무연고 묘지라네

정암사(淨岩寺) 가는 길

함백산 만항재 넘어
산마다 낙엽으로
가득 메운 적막의 이삭들 밟고
흐르는 산 능선
구름에 묻혀있는 수마노탑(水瑪瑙塔)
백만번 찰나를 감추려고
물드는 가을 태백준령
상갈래 길지나
산 냇물 지척이며
낙엽 물들이는 산길 따라 오르면
불장주(佛掌珠) 정골
사리 안치하여 세운 정암사
고한리 산속 새들도
모두 숨죽이고 사는 골짜기 끝에
꽃단청 처마에 낙엽 떨어지며
풍경 우는 적멸보궁

주왕산 산꽃

수달래 붉은 꽃빛으로
물드는 주왕산 계곡 주방천

산괴불주머니
노란 꽃등 달고 아리다

으아리꽃 밝혀 주는 산길
길가에 핀 분홍 꽃 줄딸기 영글면

제1폭포 암벽의 쇠물푸레나무
물 쏟아내듯 흰 꽃 피어나고

참나무 숲속
덩굴꽃마리 분꽃 바람꽃
산을 밝히면

왕거암 둥굴레
산정에 핀 까침박달 피어나고

봄이면 산을 물들이고
제1폭포, 제2폭포 물 쏟아내는 숲에서
한없이 몸을 씻는 주왕산

천등산(天燈山) 봉정사(鳳停寺)

솔밤 다리지나 강둑을 따라 오솔길 건너
산오름 솔밭 속에 속속 꽃길
속속 새 길 속속 내 길
속속으로 담아낸 천년의 잇댐으로 얽었구나
천년도 한숨에 보내고 앉은 봉정사
천형의 인간 번뇌 불로 활활 지펴 올린 목백일홍
이 세상 보듬어 안고 천등(天燈)으로 밝혔구나
꽃불 밝힌 극락전 앞 3층 석탑
작아져서 땅으로 내린 님의 자태 아미타불(阿彌陀佛)
아 영혼의 불로 빚어 만든 대웅전
무량(無量) 색으로 칠해도 벗겨진 꽃단청
찬연히 빛 숨겨 아름으로 텄구나
산빛 녹아 흘러내린 자리 밟고
풍경(風磬)울며 떨쳐낸 천년 바램 빛
절 주위에 피어난 산꽃 속속히 피워놓고
날다날다 가지 못하고 주저앉아 봉황이 된 절
아프게 있구나 삭히며 커 있구나

천왕봉(天王峰) 가는 길

내원사 지나 장당골에 들면
올벚나무, 동백나무,
백목련 절 꽃이 피어나고

히어리꽃을 밟고 오르는 지리산 자락
왕대숲 지나 써리봉 남릉으로 가는 길
치밭목으로 돌아드는 길에
숲 자락에서 울던 바람꽃 피었다

조개골 지나 산 틈을 헤치고 들어서면
하늘에 떴나 구름 위에 떴나
첩첩산중에 독 오른 중봉과 하봉

구름을 감고 안개를 감고
떴다 숨었다 하루에도 몇번 씩
제 몸 사르는 천왕봉

끝봉은 반만 보이고
안개에 먹히는 산자락
중산리 흐드러진 금창초

천왕봉은
꽃 안개를 피우고 지우는
유별(有別)이네

2부

이 세상에서 가장 쉬운 것

엽서시(葉書詩) · 3

-병내리 자생식물원에서

솔 패랭이꽃이 부챗살을 펴고 피었습니다 나비가 되어 산속으로 날아갈 것 같습니다 분홍바늘꽃이 군락을 이루며 펴있습니다 꽃물결이 노을져 아름답게 산을 내려옵니다

지구의 반쯤이 온통 꽃으로 덮인 것 같습니다 당신은 내 마음에 그처럼 첫 빛깔을 내주었습니다 꿈을 꿀 수 있도록 꽃 색깔의 무늬를 그려 넣어 주었습니다

사랑은 아름다운 채색이었습니다 당신이 달궈낸 사랑은 찬란한 색깔을 뽑아내는 금실이었습니다 향이 배어 있는 꽃술을 벌들이 차지하는 것을 보면 사랑은 반칙의 유혹인 것 같습니다

사랑하고 또 사랑해도 사랑은 영원히 채울 수 없는 갈증입니다 사랑이 제아무리 깊다해도 목말라서 퍼준다 해도 끝없이 사랑은 갈증을 채울 수 없나 봅니다

내게 자생하는 꽃처럼
사랑도 절반의 유혹과 절반의 갈증입니다

옷을 입고 있어도 나는 부끄럽다

노루삼 구름송이풀 피어나는
산 안이 모두 벗고 사는 곳인데
옷을 입고 있어도 나는 부끄럽다

벗지 못하는 육신의 은폐
절은 번뇌의 옷을 훌훌 벗는 곳이지만
그 안에서도 나는 옷을 벗지 못하고

여인에게 다가가던 그런
순은의 빛으로도 나는 다가갈 수 없구나

심욕(心慾)에 차있는 부끄러움
내가 만든 꽃방에 갇혀 더욱 나갈 수 없구나

원통문 지나면

치악산 원통문 지나면
속세 접어놓은 절 안
부도비 한세상을 세우고
쪽동백 아문 나무
새소리 들리는
금강송 뻗어난 숲길
구룡사 독경소리
산물에 씻겨 흐른다

천일기도 아무도 듣는 이 없고
산사 풍경소리 절로 울면
낙엽송 가지에 잡힐 듯
산허리 돌다 가는 구름만큼이나
겨울산은 빈산이네

첩첩이 닫힌 골짜기에도
산을 벗어나고 싶은 물소리
비운으로 들리고
속세 벗어나 가고 싶은 길
내 뜰이 아니니
힐끔 한번 쳐다보고 간다

* 원통문(圓通門) 치악산 구룡사 일주문

유년의 판화 · 5

화홍문 개울가에 능수버들 늘어진 개천
버들을 쥐고 올라온 하늘 맑았어라
방화수류정에서 퍼온 청남 빛 비춰 냇물
조금씩 흐르며 멈추지 않고 흘러가는 매산동

성 너머 해지도록 매일 같이 목욕하던 광교천
비단 잉어 물비늘 달고 헤엄치던 냇물
개울 따라 십리백리 떠내려가던 개천

토끼풀 꽃 대공 하얗게 여물 때
알록달록 은빛비춰 풀반지 만들어 끼워준 분녀
천사처럼 어데서 살고 있을까

그렇게 커 보이던 하늘
그렇게 길어 보이던 실개천
그렇게 훔쳐보던 분녀 꽃씨 젖가슴

유년의 판화 · 7

탱크 밀고 들어와서 꽃동리 깔아뭉갠다
옥수수밭 참외밭 모두 깔아뭉갠다
탱크 굉음 내며 몰아세우고
꽃동리에 유엔군이 진주한다

아
넓은 들판 풀꽃은 그냥 두어라
가녀린 풀꽃은 그냥 두어라
양키여 가련한 풀꽃은 그냥 두어라

잠자리 날아와서 꽃술 발라내는
백일홍꽃 그냥 두어라
나비 날아와서 입 맞추는
넝쿨 장미꽃도 그냥 두어라

질곡의 아픔 견뎌낸 꽃이여
전쟁의 흙발에 묻혀 피어난 찔레꽃
붉은 날개
꽃 날개
물드는 꽃동리

노을도 깔아뭉갠다
방죽 길도 깔아뭉갠다
개울도 뭉갠다

개울 언저리 떠있는 하늘도 깔아뭉개고
유엔군 진입로 만드는 병사들
깃대 꽂아두고 점령한 꽃동리

유년의 판화 · 13

화성의 아침 푸른 여름의 육이오
성곽을 사이에 두고 문밖에
남부여대 피란 행렬이 쏟아진다
어디로 가는가 긴 여로의 물결
목숨의 꽃놀이
아비규환의 전쟁

서북 공심돈(空心墩)[4]에서 바라보는
면면 북향의 노을
타는 불빛 자연의 분노여라

나팔꽃 자줏빛 통울음으로
얽혀 오른 꽃망울은
목 터지게 우는 아픔이 되었구나

대천 물 흐르다 주저하고 멈추는
통분의 여울 눈물처럼 쏟아지는
방화수류정(訪花隨柳亭) 흘러드는 냇물

---

4)공심돈(空心墩): 전시에 사용되는 장거리 관측소로서 1796년(정조20년)에 화성을 축조하면서 설치되었다. 위·아래에 구멍을 많이 뚫어서 바깥동정을 살필 수 있을 곳.

아직도 서러움 풀어내지 못하고 머무시며 돌아가는 물길

전쟁이 밀고 간 잔인의 유월
유년의 푸른 꿈 시실리의 섬
그 유배의 먼 섬에
꿈을 묻었구나
아 너무 큰 무덤으로
꿈을 묻었구나

유년의 판화 · 21

성 마루 봉돈(烽墩)
초록 수선화 불꽃 올려
구름도 태우고

노대(弩臺) 딛고 하강하는 구름
이 세상 둥둥 띄워
꽃 궁궐 만들어주고

풀빛으로 문신한 바람
클로버 꽃 개울에 뿌려 덮어
은하수 출렁이듯 강물 흐르고

용연(龍淵) 물 위에
반달처럼 뜨는 연꽃
안을 보여주는 무심(無心)의 심지

그 빛깔에 곱게 물든
내 어린 시절 꿈 하나
아직 고와라

울음 끝은 없구나

법고소리 들린다
치고 때리고 울리고 긋고 다독이고

만물은 치고 때리고 울리고 긋고
다독이고 밀고 얽히고 풀고 맺는 것이니

아
모든 울음은 그런 매질이거늘
소리는 하늘에 소멸한다

소리의 끝은 있어도
울음 끝은 없구나

울음이 다시 들리는 곳은 있어도
울음이 멎는 곳은 없구나

북이 있는 한
스님이 법고 소리 내는 한

절은 울음이 일어나는
극락의 출발점이구나

이 세상에서 쉬운 것

이 세상에서
쉬운 것은 말하는 것이다
더 쉬운 것은 욕하는 것이다
더 쉬운 것은 무시하는 것이다

이 세상에서
더 쉬운 것은 손가락질하는 것이다
더 쉬운 것은 대드는 것이다
더 쉬운 것은 지나쳐 가는 것이다

이 세상에서
가장 쉬운 것은
침묵하는 것이다

가둘 수 없는 것

내가 가둘 수 없는 것은
사랑도, 슬픔도, 그리움도 그렇다

잉꼬 새장에
새 한 마리를 가두듯이

사랑도, 슬픔도, 그리움도
장난감처럼 가지고 놀자

재미있게 아이들처럼
깨지고 부서질 때까지
그냥 가지고 놀자

불안전 요소들

병실에 있는 물건들은 모두 꼬부라져 있다
휘거나 접히거나 반쪽이거나

불안전의 요소들
나는 더 불안하다

절대의 단면들만 보인다
무한은 하나도 없다

링거걸개 ∽
전선줄 ∿
각종 코드 ~
전기코드 ⊡
비상벨 ⊖
죽은 화분 ⊛
차 문고리 ≬
창밖 반달 ⌓

모두 휘거나 꼬부라지거나
제대로 된 직선
수직과 수평으로 펴진 것은 하나도 없다

나도 그 일부로 존재한다

불(火)의 값

플라톤 4 원소의 값
정육면체 흙, 정팔면체 공기, 정이십면체 물, 정사면체 불은
우주구성의 4원소

흙 썩음, 공기 썩음, 물 썩음,
불 소멸

정사면체 안에 모든 것을 넣을 수 있다
정사면체 안에 모든 것을 가둘 수 있다
정사면체 안에 모든 것을 꺼낼 수 있다
정사면체 안에 모든 것을 정지할 수 있다

우주는 네 개의 기둥에 매달려 있다
무한…
공허…
공백…
소멸… 정사면체의 불은 직선이다

불은
소멸을 꾸부릴 수 있다

불영사(佛影寺)

청수 옥류에
가을 빛 풀어내서
녹여내 흐르는 불영천

하늘도 잠시 멎어 물드는 불영계곡
이 세상 몇 만 번 바꾸며 피어나는
물안개꽃

산빛 모두 불영천에 몸담고
모래 밑에 잦아드는 내 울음

천축산 굴참나무
적송나무 숲속에서

하늘에 떠서
구름에 흘러
무심의 물빛
연못 안에 떠있는
불영사[5)]

---

5) 불영사: 경북 울진군 서면 하원리에 위치한 천축산 자락에 위치하며, 신라 진덕여왕 5년 (651년)에 창건한절로서, 의상 대사가 무영탑을 세우고 부처님이 연못에 비친다하여 불영사라 칭하였다함

불을 만들기 · 3

광화문 소각로에 불을 지핀다 자유는 늘 종이처럼 탄다 자유는 투쟁을 배급한다 풍요가 지배하는 자유의 문은 열리고 가난의 열쇠로 여는 자유는 아가리를 다문 채 평등은 늘 깨진다

평등은 자유에서 오지 않고, 평화는 독재에서 오지 않고, 자유주의는 이상에서 오지 않고

사유와 사상은 모두 아가리에 불을 지펴 태운 불의 용암으로 주조된다 그 뜨거운 쇳물을 토하여 흰 이빨로 물어뜯는다 개처럼 뼈를 뜯으며 뜯기며 아가리의 독침으로 물어낸다

광화문은 늘 데모대에 의해 닫힌다 폐쇄회로 광화문은 미국대사관의 도청 안테나를 세운다 광화문은 서울 평화의 섬이다

불을 만들기 · 5

청계천의 발원지를 만들어 다시 물의 유산을 흐르게 한다 한강 물이 역류하여 서울 도심으로 흘러든다 서울의 우울함을 씻어내고 청계천변의 염색 가공하던 카키복 탈색의 아픈 가난을 털어내고 다시 기백의 청결을 위해 일어나라

목매던 자유를 탈색하여 나염의 채색으로 분칠하고 다시 윤기를 내던 자유들을 어떤 것이 진정 자유인가 군중의 발자국소리가 큰 것이 자유인가 함성이 큰 것이 자유인가

도도하게 흘러가는 물길을 따라 다시 세척한 자유를 건져 올려 불을 붙여도 타지 않는 것을 우리 자유라 하자 불연의 자유 그 자유를 위해서 일어나라

소사모종(蘇寺暮鐘)[6]

가인봉 구름에 산사 떠있네
오리길 전나무 숲
청록의 향으로 타네
내소사 나무연꽃
국화꽃도 문살 꽃으로
찬연히 피었구나
왕등도 노을
다비장 불꽃으로
불붙어 타는구나
천년 단청 꽃무늬
파도 꽃살
비안도 바다 물살로 출렁이며
적벽강 채석강
채곡채곡 쌓아 올린
소리 소리 파도 소리
억겁으로 절였구나
곰소만 노을

---

6) 소사모종(蘇寺暮鐘): 변산 팔경의 하나로 가인봉을 뒷그림자로 하고, 앞뜰에는 아름드리 나무들, 멀리 곰소만의 푸른 바다사이를 내소사의 저녁 종소리 울려 퍼지는 정경을 말한다.

송광사 작약꽃불

구름 위에 어릿어릿
산길 멎어 피어난 작약꽃
꽃밭 속에 송광사 떠있다

산속에 은거해도
무상의 나루터로 오고가며 꽃이 피는 걸
담을 쌓고 벽을 쌓아도

스스럼없이 수국도 피어나고
박태기나무 목백일홍 피어
붉고 고운 색깔 입혀주는 걸

꽃도 절 뜰에 와서 백팔번뇌 잊고자
천배 만 배 절하며 피어나는 걸
입만 가진 꽃인들 더 애잔하지 않으리

산에도 꽃으로 냇물소리 터주고
절에도 분향으로 사람마음도 터주고
송광사 촛불 대신 작약꽃불 피웠다

수태리 공가

수태리 수박 비닐하우스는
은빛으로 반짝인다

작약꽃으로 담을 치고
냉초 솟쳐 나
빈집 한 채 막아섰다

문고리는 풀린 채
창호 문으로 보이는
냉랭한 공가

꽃이 피어나도
빈집은 더 외롭다

꽃길이 트여도
들판은 더 한가롭다

시골 꽃길

오솔길 따라 흐르는 냇갈
꿀꽃 풀 사이사이에 끼어 피고
엉겅퀴 빨간 꽃 등 초롱거리네

꽃술 하얀 쪽동백 산 길 숲 길
꽃 분내 다독여 만든 시골길
나도바람꽃 하얗게 피어있네

메꽃 냇물소리에 귀 열고
내 발걸음소리 듣다
이슬 꽃 후드득 떨어지네

그 길이 꽃길이라도
안갈 걸 그랬어

이슬 꽃이 떨어지듯
초롱초롱 당신이 더 그립네

빈 칸 빈 칸

빈 칸 빈 칸 띄어 있는 빈칸에
무엇을 채울까

가장 먼저 생각나는 것은 당신
두 글자 아니야
사랑도 아니야
완성되지 않은 것은 정답이 아니야
그러면 무엇으로 채워 볼까

눈물 그것도 아니야 나는 아직도 눈물을 흘려야해
그러면 슬픔 아니야 그것도 아니야
나는 아득하지만 슬픔에 몸을 달궈야 해

빈칸 빈칸에 채워야할 완성된 것은 무얼까
나는 아직도 생각 중이야
빈칸에 채워야 할 것은
OX 그것이야
하나는 맞고 하는 틀인 것

그렇지 맞아
O
X
는 평생토록 배운 것이야 그래 맞아 완성되지 않았지만
그것은 틀림없는 정답이야
선생님이 가르쳐준 정답이야

OX OX
OX OX
OX OX
OX OX

신원사(新元寺)

연천봉 산을 스치는
구름 채웠다 비웠다 가려 덮고

가을 깊은 골짜기에 뼈만 남긴 회화나무
대웅전 모서리에 꿰오 놓은 하늘
둥둥둥 풍경소리 운무에 뜨는 신원사

중악단 숲속 싸리문을 닫아도
산새울음 들리는 외부인 출입금지 요사채

불타던 다비 꽃불
영산홍 꽃대만 앙상하고
냇물소리 산에서 저절로 흘러가니

산머루 익는 가을
절도 산도 비천의 날개 달고
깊이깊이 오른다

산속을 듣는 두 귀

산속에서는 소리나는 것이 있습니다
냇물소리
바람소리

산속에서는 소리나는 아픔이 있습니다
꽃 피는 소리
나뭇잎 피는 소리

산속에서는 소리를 향해 있는 귀가 있습니다
꽃다지
초롱꽃
소리를 듣기 위한 꽃이 있습니다

당신이 전해주는 말을 듣고 있는 귀가 있습니다
내 육신에 매달린 작은 두귀 입니다
서로 통해서 전혀 알아들을 수 없는
귀가 되였지만 말입니다

3부

섬 섬 섬

섬 섬 섬

하늘같이 큰마음도
노을 빛깔 하나 어떻게 할 수 없어
바다에 쏟아내네

대부도 섬 하나 바다로
서걱서걱 걸어가서
짠물에 저려지는
솔밭

바다는 전체가
그리움인 걸
불감도, 선도
건너가다
주홍빛 노을에
모두 저려지는
섬
섬…

소백산 너도바람꽃

희방사 골짜기 오르면
산 노변에 산벚나무
분홍빛 줄딸기꽃
쪽동백 꽃봉을 트고
계곡 물소리에 섞여 흐르는 꽃빛

산 깊은 물가에 핀
회리바람꽃
숲속에 핀 참개별꽃
꽃 무리지어 흩어지는 산을 가지고도
우는 박새

너도바람꽃
바람 따라 꽃 몸 날려버린 산등성
능선 햇볕 받아 핀 노랑제비꽃

산이 아프면 이토록 꽃으로 아플까
산속 속이 아프면 이토록
꽃밭 만들어놓고 아플까

소백산 산새소리

산이 외로워 산새 쪽쪽 웁니다
날개 훌훌 털며 날려 해도
산에 살던 비탈길 은사시나무
그냥 버려 가기 서러워 웁니다

마른 잎 버걱대며 바람도 웁니다
진달래 능선 한 구비 돌아 오르는 소백산 자락
사각이며 밟히는 마른 낙엽도 웁니다

투구봉 아래 잡힐 듯이 연화봉
첩첩이 닫혀있는 능선
산산이 닫아놓고 갇혀있어 웁니다

산 위에는 쪽빛 하늘
산 아래는 개울 억새 밭 만들어놓고
물길 흘러가며 소리 숨겨 저며 웁니다

저녁 모연(暮煙) 짚 타는 내
매운 연기에 눈물나던 어머니 생각
산자락 메 너머 아련한 마을
고향 생각 훨훨 태워 눈물납니다

저수령(低首嶺) 뒤돌아보며 아득해져 눈물납니다
하룻밤 지내고 깊게 맺은 우정
단단히 신발 끈에 매고 가는데도
소백산 산새소리 아름다워 눈물납니다

뒤서 부르는 산새 소리 들릴 듯 말 듯
죽령 너머 가는데도 아득해져 눈물납니다
별이 쏟아진 두멧골 그냥 두고 오는데도
산꽃 같이 도란거리던 친구들과 이별해서 눈물납니다

떠나는 데도 만날 것 같아 뒤를 돌아보고
소백산 구비 구비 내 몸에 감기는 산빛
백리길 한천(旱川) 물빛 반짝이며 흘러가는데도
개울물 속에 갇힌 하늘 잡힐 듯 잡힐 듯하여
잡을 수 없어 내 안의 임인 듯 애타서 눈물납니다

겨울이 오는 산길

겨울이 온다
나무들 틈 사이를 비집고
덜꿩나무 빨간 열매 맺은 산길
산짐승 먹이 달아매고 겨울이 온다

노린재나무 개옻나무 땅비싸리나무
모두 까칠한 몸으로 서서 있다
박새 울고 간 서어나무 졸참나무 숲
모두 휑하게 뚫려있다

귀룽나무 천년의 긴 세월 기다리며
태고사 앞산 길에 버티고 서있다
따스한 겨울 한 평 절 뜰에 펼쳐놓고
노란 개나리 철없이 눈을 뜨고
태고의 인경 소리 묻힌 북한산성 외진 곳에
샘물소리도 멎었구나

겨울은 나무들 틈 사이로 숨었나보다
팥배나무 사이로 숨었나보다
노적봉 아래 엎드린 구름
빙빙 돌며 바위를 끌고 간다
천년 전에도 지금도 그렇게 영흔(影痕)을 끌고 간다

겨울이 오는 산길은 눈이라도 올 것 같다
깊은 산 암자 풍경소리 샘물대신 흘러온다
눈이 오면 더 깊이 드는 산문
높은 곳으로 새들만 날아들겠지
낮은데 사는 나는 겨울 산에 오르기도 어려울 테지

고향 이야기

봄이 오면 능수버들 냇가 물 흐르고 자박자박 밭두렁 논두렁길에는 쑥대 자라나고 흙 등 밟고 씀바귀 질경이 알린 내 풍겨주고 두엄에 삘기 냉초 잔 억세 애기똥풀 풀꽃이 잘려 와서 쌓이고 지경 다진 묘에 꽃이 피고 지고 뻐꾹채, 꿀풀, 개밀 번갈아 피었지

맑은 냇물 개울에서 가재를 잡던 고향은 푸른 하늘이 떠있고 산등성이 너머 가는 고운 솜구름이 목화밭이 있었지 목화꽃 여물 때 고운 햇솜 산등을 덮어준 고향이었지

그곳은 모질게 가난했지 찬바람 삭풍처럼 아릿하게 가난했지 보릿고개 보릿대 피어오를 때 뉘엿뉘엿 해 넘듯이 살았지 어지럽게 견디며 띠 꺾어먹고 산등 지고 살았지

푸른들 고구마 감자 구근 꽃 피어날 때 꽃밥 먹으러 벌들이 날아와 쪼아 먹고 꽃무리 바람결에 접 붙어서 들로 번져 가득 가득 햇물 들었지

메밀꽃 하얀 목대에 대롱거리는 나비도 긴 꽃 물살에 밀려 날아갔지 조 옥수수 잡곡을 채우던 텃밭 고향은 논두렁 밭두렁 울퉁불퉁 경계를 긋고 다른 색깔로 몇 번씩 덧칠해 주었지

그런데 벌초 날 고향은 공가 하나 더 늘었지 빈집이야 그뿐 아니지만 어쩌면 빈집은 초로초롱 냉초 백일홍 피어 집을 지켜주고 주인이 떠났어도 무성하게 풀내 산내 깊이 배어 있어서 아직은 토담집 사람내에 풀꽃이 무성하게 살더군

일당으로 살 수 없어 농촌을 떠난 이농 육촌이 아재야 내 이리도 편하다 논물 안대고 쇠죽 안 쑤고 경운기 끌고 먼들 볏짚 안 나르고 담배 건조실 불 안 때고 육실헐 정도로 논바닥 헤매며 벼멸구 농약뿌리지 않아도 농약중독에 애비 잃고 내 간장 다 상했지만 아재야 아재야

그래도 청주 막노동판 일당이 고향에서 일하는 것 보다 배나 더 많아 아재야 아재야 진즉 일러주지 아재야 아재야 금초날 한 번 와서 풀 베고 나면 이리도 편하다

아재야 아재야 그런데 아재야 허전타 청주도회지 아파트는 허전타 풀꽃도 피지 않고 뻐국새 논두렁 멀리 울지도 않고 아재야 아재야 내 못살겠다

그리운 꽃 우는소리 개울 우는소리 쐬기에 쐬고 개암나무 성난 잎 날에 살을 베고 그래도 산이 있어 고향이 좋다 아재야 다시 올란다 그리운 곳 소리 묻혀 사는 고향으로 다시 올란다

깃발론(論)

깃발은 나라의 피가 흐르는 모성이다
조국이 그리워지는 애정의 파도이다

남북 8. 15 광복상호 방문단 북측 방문단이 서울에 왔다
깃발을 서로 흔들었다
태극기가 아닌 인공기가 아닌 제3의 깃발을 흔들었다
주체도 없는 깃발을 흔들었다 이중적 이데아의 깃발을 흔들었다
먼먼 토왕성의 나라에서 이주해온 이주자들처럼
깃발을 흔들었다

정체불명의 한반도 국기
세계 어느 곳에도 등록되어 있지 않은
제3지대의 추장 기 같은 그 어설픈 파랑색의
한반도를 그려 넣은 국기를 들고 깃발을 흔들었다

깃발을 흔들어 댈수록 더 깊은 슬픔이 흔들렸다
적의와 동족상잔(同族相殘)의 피맺힌 원한
아직 서로 주적으로 인식하는 게임장에서
다른 색깔의 두 가지의 유니폼을 끼워 입고
하나는 선의의 게임이고 하나는 악의적인 게임이라 했다

그들은 깃발을 흔들어도 가슴에 와 닿지 않는다
맹물 같은 깃발을 흔들며 멍청하게 기쁨을 교환했다
물증처럼 허상의 깃발을 흔들며 다가섰다
아득한 통일을 서로 주시하며 비켜 갔다

얼굴을 서로 대하며 화장을 한 그녀들도 비음의
웃음을 지으며 깃발을 흔들었다
먼 기억의 동화 나라에서 온 손님처럼 깃발을 흔들었다

높은 깃대에 올리지 못하고 깃발은 낮은 곳에서
낮은 연방주의의 통일이라는
통한의 비극을 나풀거리며 흔들었다

요새의 위험지대에 꽂혀있는
지뢰매설을 알리는 푯대처럼

꽃마리

산속속
들 속속

꽃 별
달아주고

봄별을
열었다
잠갔다

봄을 뜨고
바람 뜨고

내 안
첫사랑
뜸 꽃 꽃마리

행복 바꿔치기

사람들과 얼굴 붉히기도 하고
낯선 사람과 낯익히기도 하고 그렇게
살아가는 것만으로도 행복한 거야

행복은 사람들과 서로 호박덩굴처럼
얽히고 설켜 만들어지는 거야

매듭을 풀 수 없이 괴로워 할 때
호박꽃 노란 화분으로
꿀벌을 불러들이듯이 말야

행복은
네 마음속으로 불러들이는 거야

그렇게 세상사는 맛이
조금만 있어도 행복한 거야
더 좋은 행복을 아무리 찾아도
행복은 그냥 느낌이야

느끼면 돼
호박꽃을 벌이 느끼듯 말야

가리왕산 가는 길

숙암리 성황당의 신목(神木)
음나무 장구목이골, 귀함지골,
다래골, 어은골 숨어 있는 가리왕산

계곡이 깊어 있어 물가에는 물참대
개다래 꽃을 피우고
임도 따라 오르면 구름도 따라 오르고
붉은병꽃나무 피어난 외길

풀솜대, 미나리냉이, 피나물
붙어사는 산골
지천으로 자라는 연령초

흰 붓꽃 구름 엮어 피었나
노랑무늬붓꽃 노을 엮어 피었나
북으로 백석산, 북동으로 발왕산
남으로 벽파령, 산 안의 산 가리왕산

중봉 풀섶을 헤매는 산나물 캐는 아낙네들
구름 따라 천리만리 독 오른 임도
장구목이골의 두릅나무
빨간 울음 달아매고 피는 산앵도나무
산이 깊어 울음도 꽃이란다

내 몸은 악기에요

제 몸은 악기를 가지고 있어요
슬플 때도 즐거울 때도
육신과 오체의 뼈들이 울려요

육신의 동작으로도 신명이나요
어깨에서도 즐거움이 들썩거려요
제 몸은 악기에요

어떤 때는 손을 흔들며 춤을 추워요
때로는 다리를 움직이며 춤을 추워요
제 몸은 바이올린 아니면
징인지도 북인지도 몰라요

슬픔을 연주하는 첼로 인지도 몰라요
뼈로 우는 아쟁인지도 몰라요
보리피리처럼 슬프게
당신을 부르는 애처로운 피리인지도 몰라요

빛과 물과 바람

빛과 물이 섞여
소청샘물에서 달빛으로
솔솔 넘쳐 나니

그 빛
산을 빈틈없이 채워
무량(無量)이구나

바람과 냇물이 산에 나무를
채우고 삭히니
그것은 유한이구나

빛이
소리가 되는
초연(超然)의 우주 안에

머물지 못하는
빛과 물과 바람은
무아(無我)여라

시골 자전거 포(鋪)

시골 읍내 먼지 나는 골목길 헐린 기와집을 개조해서 자전거포를 냈다 할아버지는 늘 자전거 살을 끼워 맞추며 바퀴를 돌린다 햇볕이 바퀴에 걸려 실타래처럼 쏟아져 나온다 그때 할아버지는 희색이 만면해서 헌 바퀴를 고쳤다는 안도로 바퀴를 자꾸 돌려본다

회전으로 빨려든 아침 햇볕들이 풀 속에서 난반사한다 도수 높은 안경을 반쯤 아래로 꼬나보며 바퀴를 돌린다 왕방울 만하게 펴있는 길가 접시꽃은 은빛 자전거 살에 감긴다 신바람으로 베어링 소리를 내며 자전거 바퀴가 돌아간다

할아버지는 은빛 자전거 페달을 밟고 둑방길 달맞이꽃 풀이 웃자란 길을 달려간다 은빛 하얀 할아버지 수염을 옥수수에 달아주고 접시꽃이 화사한 좁다란 시골길을 달려간다

은 살을 굴리는 자전거는 담배 꽃밭 뚝 길을 달려간다 풀꽃들의 해조류로 출렁이는 푸른 들의 중심에서 자전거 바퀴에 햇볕이 감긴다 바퀴 살빛으로 하얀 쑥부쟁이 꽃을 들에 쏟아 놓고

할아버지는 자전거 살을 고쳐주는 시골 자전거 점포에서 반평생을 고장난 살 대를 꽂아주었다 바퀴를 돌릴 때마다 할아버지는 시골 들판으로 반짝이는 하얀 햇볕을 쏟아냈다 햇살을 만들어 내는 자전거 바퀴를 자꾸만 돌려주었다

수경재배

당신의 맑은 물 위에 푸른 잎 하나 띄워
뿌리를 내릴 때까지 부유하며
온실에서 뿌리를 조금씩 내린다

뿌리는 허공을 소유하고 심지를 내린다
내릴 수록 뿌리는 허공의 깊은 물을 헤치고 들어간다
부유 된 허공을 짚고 당신의 깊은 심장에
뿌리 하나를 심으려고 커 가는 생채의 풀잎을 키우며

내 몸집은 커가도 뿌리는 아직 방황을 찾는다
한쪽은 내가 감당하기 힘들만큼 커가고
아래로 뻗어 내려가는 발기된 성욕의 절망들은
뿌리를 내리지 못한 채 겉잎을 키우며

나는 물과 땅에서 살기에는
부적절한 인어가 되어 퍼덕인다

나를 기르는 당신의 수경재배지(水耕栽培地)

이삭 줍는 여인의 그림을 붙여줘요

가을농촌 풍경을 보면 추수에 감사해요
밀레의 이삭 줍는 여인[7]
그림을 벽에 걸어 놓아요

퐁텐블로 숲 근처의 농장
그곳에서 나는 자연에 취하고 싶어요
추수가 끝난 황금빛 들판에서 이삭 줍는
세 여인의 모습은 너무나 평화로워요

엷은 구름이 낀 하늘 아래
땅에 흘린 이삭을 주워요
제 마음의 들판에 와서
잃어버린 추억을 찾아줄까요

작은 소망도 찾아줄 수 있을까요
제가 이 세상을 살면서 떨어트린 작은 이삭
꿈도 찾아줄 수 있을 것 같아요

---

7) 이삭 줍는 여인: 프랑스의 사실주의 화가 장 프랑수아 밀레의 대표적 작품. 캔버스에 유화, 크기 : 83.82×111.76cm, 1857년

접속(接續)

나는 발신지 추적장치를 하고 뚜벅뚜벅 걸어간다 용산 선인전자시장 상가에 들어서면 나는 비밀 번호처럼 무한을 향해 도피한다 마하의 제로섬 지대에서 나는 부식한 모니터에 비친다 내가 들어가려 해도 모니터는 거부한다 필터에 걸러진 나는 브라운관에서 단면으로 나온다 작게 찌그러진 용모는 찌그러진 몸을 펴도 찌그러진다

인터넷 통을 밟고 들어가면 갯벌처럼 진득거리며 나는 푹푹 빠진다 갯지렁이처럼 꼬리를 감추고 잠입한다 내 앞에는 나를 감시하는 감시 카메라가 나를 추적한다 나는 도피의 모니터에 빠진다 숨으면 나는 브라운관 앞으로 유괴된다 포착된 나는 꿈틀거리며 확대된다 확대 축소된 단면구조에 나는 눈의 부식과 오장의 훼손을 본다 투시된 접속 안에 내 오장육부가 노출된다

아이디(ID)로 방문을 연다 열쇠구멍은 없다 인식의 방은 지문으로 연다 열린 방은 내 손가락으로 키보드를 두들겨 연다 다른 방이 열린다 안구를 들이대고 안문(眼紋)으로 연다 방을 열면 방에 갇힌다 더 들어가면 깊은 통로에 있는 사유의 방에 갇힌다 더 들어가면 인식의 오류인 관념의 방에 갇힌다

서비스센터에는 고장난 인터넷 소모품들이 쌓여있다 깡통 속에서 나온 회로 판과 그래픽 인식카드가 실명되었다 접속의 껍데기들이 분해되었다 뼈가 부서졌다 인터넷 유골이 유출되었다 깡통 뼈들이 모니터에 접속한다 단절된 속지를 향해 나는 반쯤 잃어버린 그림자를 끌고 층계를 내려온다

나는 접속의 ID scw77 키를 들이대고 깡통 속에 잠입한다 빙점과 영점이 만드는 세상으로 나는 접속한다 오스트랄로피테쿠스 원류의 유골이 있는 속지의 먼 지구와 화성의 저쪽 토성의 운무 가득한 시계의 접지에 요신(妖神)이 누워 있다 섹스의 불량지대 절망과 슬픔이 있는 지구에 접속한다 지구는 깡통 속에서 통조림 되었다 인터넷 속에서 지구는 푹푹 익어 버렸다

슬픔의 √값

물방울의 √값
무한 파장의 원
3.14

원의 √값
점 중심
3.1415…

생명의 √값
원(圓) 추적의 무한
3.141592…

내 슬픔의 √값
무한 소멸
3.1415926535897932…

내 슬픔은 당신
반지름 π
3.141592653589793238462643383279에 귀납한다

그렇게 그리워해도

당신이 그리워질 때면 하늘도 멀어 지고
당신이 잡힐 듯 할 때는 강물도 멀어지고
내 곁에 있는 것들은 한없이
나로부터 멀어지고

들판을 지나는 바람도
꽃발자국으로 색깔을 토해내는데
당신을 기다리는 순간만이라도
당신의 모습을 볼 수 있다면
영영 꽃별이 되어 지더라도 미련 없지만

내 그리움이
강물에 빛일 때도 푸른빛이고
하늘에 그릴 때도 푸른빛이고
별이 뜨는 밤일 때도 푸른빛이고

나는 푸른 색깔만 볼 줄 알아서
그렇게 그리워해도
빛깔 하나 바꾸지 못해
정령 당신의 그리움
제대로 보지 못했나 보구려

오랜 그리움

당신이 만들어준 오랜 그리움

그 그리움 지우지 못해 둔다 하여도
자꾸만 떠오르는 것은
내가 아직도 당신에게
너무 가까이 있기 때문이다

당신의 그리움
멀어지려해도 점점 가까워지는 것은
내가 당신에게 너무 오래도록
머물러 있기 때문이다

설령 오랜 그리움
이별의 동체(同體)로
떨어져 나간 별이라 해도
늘 슬픔으로 반짝이는 것은 마찬가지다

벌판

벌판은 처음에는
바람조차 쉴 수 없는 빈곳이었다

벌판 끝에는 별들이 떨어져서
이슬을 만들고 있었다

벌판을 멀리까지 데려가서
냇물은 녹여 없애고 있었다

도도하게 흘러가는 강도
흐름과 끝을 가지고
벌판으로 흘러갔다

벌판은 공지를 만들고 부수며
하늘이 닿은 곳에서
노을을 깔고 누웠다

아주 작은 풀꽃은
벌판을 두드리며 피어나서
바람으로 울고 있었다

아카시아꽃

하늘을 따라가던
숲속 끝에서
산길이 없어지고

5월의 언덕에
솜꽃처럼 피어난
아카시아꽃

현혹의 분내
아카시아 향내
산길을 일러주고

산길에 눈빛처럼
밀어내도 주렁주렁 피어나는
아카시아꽃처럼
당신이 더 그립다

기억으로 환원해오는 당신

당신을 기다리는 시간이
얼마를 지나고
또 지나고 그렇게 지날수록

없어지는 것으로 알았지만
나에게는 더 생생하게
기억으로 환원해오는 당신

당신의 풍향에 따라
그리워하는 미지의 내해
늘 당신을 향해 출렁거리는 원점

기다리는 것도 나의 원점
그리운 것은 당신의 원점
두 원점은 서로 만나지 못하는
지척일 뿐
기억으로만 환원해오는 당신

나비의 꽃배

한적한 산길 유채꽃밭에서
나비들이 꿀을 따고 있었다
산새들은 나무에 숨어서 찌르찌르 울고 있었다
새들이 울어도 산은 더 적요했다

하늘은 높은 하늘과 낮은 하늘이
꽃밭을 사이에 두고 포개졌다
꽃밭에는 하늘이 내려와 있었다
한가로운 산길에도 하늘이 내려와 있었다

큰줄흰나비 제비나비 노랑나비들이
꿀벌과 어울려 꽃 속에 들어있는 하늘을
조금씩 깎아 먹고 있었다

하늘은 산에서 꽃강이 되기도 하고
하늘은 꽃밭에서 꿀이 되기도 하고
하늘은 한적한 산길에서 꽃배가 되기도 하였다

나비들이 꽃배를 타고 유원(悠遠)의 바다
꽃이 무성한 4월의 초원으로
풀밭에 촘촘하게 꽃수를 놓으며
강물이 흘러가는 먼 지평으로
꽃배를 타고 흘러가고 있었다

4부

당신에게 보내는 꽃 편지

티켓

요원의 빗장 풀어주는 출항의 미지, 벌판으로 유혹한 티켓 한 장, 논두렁에서 빤히 보이는 면사무소 구석 양철집에서 오토바이에 커피를 싣고 달려오는 그녀의 날리는 머리칼, 등 뒤에 매달린 쪽 빛깔의 거북가방, 한 손에 따끈한 차를 담아가지고 달려온다

그녀가 들고 온 티켓 한 장과 자연으로 배달한 들새들의 노래, 잉여의 사랑을 팩케이지 한 그녀의 미끈한 각선미, 웅장한 자연의 소리 돌아가는 바퀴 같은 들판으로 날아온 커피향

논두렁으로 번지는 독사풀의 기운 만치 내 바짓가랑이 안에서 뻗치는 에로를 야유하는 바람, 꺼벙한 수작을 부리며, 그녀의 입술에 바른 루즈 향으로 번져오는 작렬(灼熱)의 웃음을 뜨고, 들에 피어나는 들국화 같은 그녀의 정조가 배어 나온 탈지분유의 밀크를 커피에 탄다

그녀의 향수 바른 미향의 강, 들새들 날아가며 쳐다보고 칙칙거리며 똥을 지린다 오색의 강, 나의 출항지, 그녀의 바다, 배달해온 커피향은 나를 적조(赤潮)로 물들이고, 그녀의 해심에서 나는 부유한다

멀리서 경운기에 실려오는 노을 낮게 내려와서 나를 덮어주는 포말(泡沫)의 강, 그녀는 한 시간짜리 티켓으로 나를 배웅한다. 처음부터 프림을 섞어 넣어주는 카오스의 커피향 같은 이별의 냉소, 자생으로 번지는 풀꽃밭을 나는 걸었다

내 18살 때

그때는 가슴이 왜 그리 두근거리던지 어느 해 전쟁이 일어나서 죽도록 도망 다니다 복사꽃 피고 매화꽃 필 때 그해 60년 전 화성에서 그녀를 찾았지 어디 사느냐고 물어 찾았지 밭일하던 할머니 찾지 않는 게 좋아 그냥 돌아가게 어서 내말 듣고 그냥 못들은 걸로 하고 돌아가게 무당 집 첫째 딸 갸를 찾는 게 맞지

찾지 않는 게 좋아 그냥 눈 딱 감고 돌아가게 아니네 그냥 먼 길 돌아가는 게 좋네 꽃 뿌리 캐다 못 캐고 그냥 가는 걸로 생각하고 돌아가게

갼 미군부대 앞에서 양갈보야 갼 양갈보란 말야 아직도 젖멍울 아픈 몸에서 꽃 멍 같은 피를 파는 양갈보야 할머니 말해주지 말지 그런 말이랑 말해주지 말지

초가집 너른 싸리문 열린 앞집에서 헤어질 그때 8살 순아는 10살을 더 먹고 18살 양갈보가 된 거야 아리따운 몸매 꽃보다 고운 얼굴 통통한 입술 너무 변해서 누군지 잘 모르지만

순아야 미안하다 정말 미안하다 광교수리조합 언덕 넘어 너른 벌판 지나 봄 꽃물 뜨던 개천 송사리 잡으며 첨벙이던 물길 따라 거슬러 돌아올 때 내 18살 피를 모두 풀어 울었구나 펑펑 울음 우는 것도 배우고 돌아왔구나

청산별 내게 준 별처럼 봄이면 방화수류정 호수에 넘치는 수선화꽃 같은 순아야 꽃을 보면 네가 더 그립다 내 첫사랑 모두 빼앗기고 돌아선 화성

봄꽃으로 수놓은 장대 언덕 배기 그립도록 봉선화 꽃보다 더 아픈 매듭으로 살게 한 순아야

그래도 평생 네가 그립다
순아야 나를 그렇게 첫사랑에 꼭꼭 매어 살게 했구나
순아야 순아야

마등령 산 꽃길

산 개울 물소리 멀어지면
산 높은 숲속
백합꽃 박새
흰 꽃을 피운다

미시령 황철봉 가는 숲에
바람을 일으켜
노루오줌 분홍 꽃피었다

저항령 눈측백나무
촘촘히 박아놓고
바람꽃 피었다

부게꽃나무 넝쿨
감아쥐고 오르는
설악의 깊은 계곡물소리

중청봉으로
꽃내 피우는
금강봄맞이꽃

마등령 운해에서 자라는
노란 기린초
구름 꽃 피었다

바람의 벌판

벌판은 바람에게
제일 황당한 곳이다

5월의 꽃바다

5월은 봄이 지난 자리에
첫경험처럼 꽃불을 놓았다

절에 오르는 과수원에도 꽃불을 놓았다
연자색 복삭꽃 하얀 배꽃
눈부시게 고운 살갗 드러내고
구름을 몰아와서 꽃 뜰을 만들고
하늘을 잘라다가 가지를 치고 꽃불 놓았다

개울 따라간 바람은 절 안에
수국을 퍼뜨리고
대웅전 앞 뜰 작은 꽃밭에 붓꽃 피었다
올올히 이슬 맺힌 물봉선화
처연히 얼굴 달아오르는 목백일홍
꽃 다비장 만들어 태우는
5월의 영혼이여

바라 춤추며 던지던 꽃불놀이
노제지내며 던지던 꽃불놀이
아! 야망의 들이여
꽃불에 점령당한 들이여
평화의 꽃불 놓았구나

내 슬픔의 도금(鍍金)

슬퍼지면 도금되는 것은 나였다
하얗게 반들거리며 나는 도금되었다

벗겨내도 슬픔은 파지(破紙)장처럼 떨어졌다
도금되어도 슬픔은 칼날을 세우고
오한의 바다에서 물거품의 생살로 밀려왔다

도금되지 않는 것은
내 안에 부표처럼 떠있는 그리움이었다
발을 빼도 깊이 빠져 들어가는 수렁

그 여지(餘地)에 계류한 내 슬픔은
썰물의 바다에서 들어 나는 간석지(干潟地)처럼
내 슬픔을 번들거리게 도금하였다

썩는 것을 육신에 담고
냄새 나는 것을 몸속에 품고
살려고 애착하며 나는 슬픔을
꾸역꾸역 입속에 처넣었다

도금해도 벗겨지지 않는 슬픔은
내 오장에서 언제나 순도의 똥으로 뭉쳐졌다
배설할 때까지 내 몸에 머문 그 자양의 더러운 악취를

나는 세로판지에 물방울을 굴리듯
슬픔을 골라내서 버리려했다

끝내 버리지 못한 슬픔은
내 결장에서 자해의 악취를 퍼뜨리며
나를 도금하였다

슬퍼지면 도금되는 것은 나였다

갑사 가는 길

운무 자욱한 계룡산에 다가서면 연천봉을 향해 봉우리는 잠입하듯 멀어지고 산새들은 숨는 산을 끌고 나온다 떡갈나무 소나무 갈참나무 졸참나무 고로쇠나무 스님나무 줄이어 선 숲을 지나 언덕에 오르면 절 보이는 속세와 이승의 산문

소리는 샘물 흐르는 소리뿐 소리는 새들 우는소리 뿐 소리는 내가 밟고 가는 절 뜰 흙 밟는 소리 뿐 복사꽃 화사하게 여는 봄 문여는 소리뿐 소리는 바람 스치다 큰 인연으로 울리는 풍경소리 뿐 소리는 산수유 노랗게 트는 여울목에 갇힌 개울물 소리 뿐

고려 초 돌을 다듬던 징소리 사자 연꽃조각 떠서 지석대 위에 얹어 놓은 부도에 속속히 담긴 명멸을 이끼로 삭히는 돌의 망막 내가 걸어 드니 거기 천년의 이슬 같은 목숨 구슬처럼 담겨 있구나 소리는 소멸의 징 소리 내게 못을 박고

신흥암 오르는 산길 물빛을 내는 물푸레나무 천진보탑 진신사리 산 사리처럼 박혀있는 돌 바람의 마모에 천년을 견디며 산속 징검다리 되기도 하고 산속 꽃등 되기도 하고 산속 냇물 빗기는 개울물 표석이 되기도 하고 산을 눌러 헐리는 비탈길을 만들기도 하고 산을 겹겹이 쌓았구나

산길에는 양지 바른 곳에 제비꽃 양지꽃 꽃다지 절 길을 밟고 따라와서 부처님이 지나간 자리 사리 꽃처럼 피었구나 소원을 빌고 비는 공양 꽃처럼 피었구나 향불로 수놓은 단청 꽃문양처럼 피었구나 바람에 삭는 대웅전 석가래에 새겨놓은 비천무(飛天舞) 무료(無聊) 무늬 뜨는 바랜 꽃처럼 피었구나

바람의 거역(拒逆)

바람은 늘 창으로 들어오려 할 때
나를 두드린다

열어 주면 들어오지 않고
공지(空地)되는 바람의 음모

소리는 좁은 데서 몸을 좁히고
넓어지면 소멸한다

문풍지 틈에서
바람소리는 비명일 뿐

거역의 소리들은
구원의 틈을 주면

언제나 달아난다
날개처럼…

수평의 붕괴

수평은 어떤 조건에서도
한쪽이 넘치지 않을 때 이루어진다

수평은 평행이다
평행은 무게의 제로다

사랑도 수평처럼
내 무게가 제로일 때
당신에게 놓인다

수평은 언제나
무너지는 무게이다

당신과 나를 매다는 수평은
늘 무너지거나 기울어진다

그리움도 무게가 있어
수평을 무너뜨리기도 한다

무임승차(無賃乘車)

홍대입구 전철역
나는 자동구두닦기 머신에 구두를 끼워 넣고 윤끼를 낸다
더 젊고 아름다워지게

무임승차
600원
자학의 은화를 창구에 들이밀던 나는
어느새 늙어 있었다

지하철은 출발지와 종착지가 없다
출구와 입구에서 전자 칩으로 통로를 빠진다
전자화된 사람들은 표정이 없다
로버트의 행렬이 걸어간다

사람들은 도시를 도굴한다
암흑의 절벽을 도굴해 들어간다
나도 도굴한다 도시를 도굴해 들어간다
보이지 않는 시간을 파헤치며 들어간다
어둠 속에 간 데라 불빛이 조명한다
탈주가 시작된다

빈자리는 늘 불안하다
나는 늙어있음을 의심받는다
눈초리와 저주 같은 경계의 눈빛으로
늙은 나는 쭈그리고 앉아있다
혁명을 외치던 나는 한 뼘의 의자를 차지하고
포로처럼 깊은 암흑을 탈출한다

나는 나로부터 슬픔을 덜어낸다
끈질기게
어느 자리나 나를 슬프게 한다
나는 창밖을 내다본다
검은 벽이 지나간다

하얀 표 한 장 받지 않고 나는 지불하고 싶다
유임승차를 하고 싶다
내 슬픔도 나와 동행하며 유임승차 하고 싶다

먼 길을 그대 찾아가는 것처럼
지하철을 타고 싶다

도시 콤플렉스 · 7

1.

신도시 슈퍼마켓으로 근교농지대에서 재배한 과일과 채소를 실은 트럭이 접안한다 신도시는 새로 심은 묘목 가로수를 따라 파란 신호등을 켠다 구획된 사이트 안에 배치한 공간들이 눈을 뜨고 바라본다 PC의 부속품처럼 층으로 배열되었다 획지 안에 놀이터와 노인정 작은 정자 음수대 꽃밭이 배치되었다 어느 것이나 생소하다

2.

콘도라는 도시 아파트외벽을 오르내리며 이삿짐을 나른다 목각과 가구들이 조금씩 상처를 입으며 기어오른다 높은 곳으로 가구와 악기는 자리를 찾아 배열된다 거실에 자리한 피아노는 실내악을 연주하며 비창으로 흐른다 아침마다 유리창을 통해 들어오는 햇살들이 건반 위에서 굴러다닌다 아름다운 음률로 햇살이 방안에 퍼진다

3.

신도시 옆을 흐르는 강을 따라 넘실대는 바람이 풀밭에 눕는다 풀 속에는 풀꽃들이 눈을 뜬다 바람은 비비적거리며 눈을 뜬다 꽃다지, 클로바꽃, 제비꽃, 민들레꽃들도 강의 신음소리를 따라 목을 내민다 큰 강을 울타리로 두르고 큰 하늘을 지붕으로 덮고 꽃들은 작은 등을 매달고 신도시를 만든다

4.

넓은 벌판에서 네온을 배양한 고독 신도시는 꽃 묘판(苗板)처럼 풀밭에 떠있다

당신에게 보내는 꽃 편지 · 2

봄부터 치열하게 다투어 피어나던 꽃들이 자연의 품안으로 돌아갔습니다 꽃들은 아름다움을 보여주기 위한 것이었으나 실은 꽃향기와 씨를 배란키 위한 것이었습니다 보기에는 그냥 아름다움일 뿐이었습니다 꽃들이 개화하는 치열한 몸부림 뒤에는 아픔 같은 울긋불긋한 꽃들의 상처가 있습니다 꽃은 그래서 자연의 아픔이기도 합니다 그 아픈 상처에 약을 발라주듯 신록으로 말끔히 덮어주고 있습니다 산과 들은 꽃 대신 7월의 풍만한 신록으로 채우고 있습니다

안개 낀 산비탈에는 산 그림자를 먹고 피어난 뽀숭거리는 무리꽃이 피어납니다 그것은 꽃이 아니라 구름 같기도 하고 어찌 보면 메밀꽃 같기도 하고 어찌 보면 깨꽃이 피어난 것 같기도 합니다 햇볕에 어른거릴 때에는 살갗을 출렁거리는 호수 수면 같기도 합니다 유독 우리나라의 7월에는 꽃들이 거의 숲속이나 산속으로 숨어버립니다 이때 피어나는 것이 개망초꽃입니다

어제 속리산 가는 길 피반령을 넘어갈 때도 하얗게 안개와 얼버무려 망초꽃들이 아침 이슬을 듬뿍 머금고 산 등 고개에 초롱초롱 눈을 뜨고 있었습니다 망초는 향기 대신 풀 냄새를 더 진하게 몸에 배고 있습니다 자신의 꽃을 알리는 향기 대신 풀 냄새를 더 진하게 풍겨줍니다 망초꽃은 무리지어 피어나기 때문에 향기

보다 그 꽃을 달고 있는 줄기의 푸른 냄새를 더 소중하게 여깁니다 망초꽃은 그렇듯이 집단의 군집성의 표상으로 들의 외진 곳이나 산야의 한적한 곳에 신록을 밀어내고 피어납니다

당신이 건네준 예전의 작은 언어들도 처음에는 망초 풀꽃처럼 푸릇한 것이었습니다 그것이 제 마음에 무리진 꽃으로 현란하게 반짝거리기까지는 당신이 내 마음에 그리움을 심어 주었기 때문입니다 들과 산에 망초꽃이 필 때면 당신이 더 사무치게 그리워집니다

아침 이슬들을 소름 치듯 떨치는 아픈 망초꽃 풀밭으로 다가가서 속삭이듯 말을 했습니다 제 몸에 짜릿하게 전해오는 당신의 소곤거림을 들으며 돌아설 때 생 몸짓으로 이별을 하듯 당신의 모습을 발견했습니다 손을 흔들며 못내 아쉬워했습니다 망초꽃이 흐드러지게 필 때면 망초 꽃무리 번지듯 당신이 더 그리워집니다

개망초꽃

메밀꽃 여물 때 작은 꽃구름
산 그림자 비벼 개망초 피었다

피반령 들 깨꽃
바람 살 먹고 달아나다
저수지 뚝 길에 벌받고 피어있다

기웃기웃 아래위 동네 지나가다
담 아래 조르라니 발 돋음하고 피었다

물방개 송사리 퍼덕대는 개천 건너가다
물살 먹고 꽃대 세워
푸른들 입질하며 개망초 피어있다

상원사에서

숲속 빨간 토끼풀꽃도 초롱꽃도 꼬리풀도 숲속에서 제 모습을 들어내고 피어있습니다 바람으로도 꽃은 아름답게 피어납니다 산속 나무 냄새로도 꽃은 색깔을 내며 피어납니다 나뭇가지에 앉은 새들의 노래소리로도 꽃은 소리를 지르듯이 입을 벌리고 아름답게 피어납니다

산골짜기를 흘러가는 물소리로 꽃은 귀를 쫑긋이 열고 피어납니다 이 세상은 모두 화음으로 이루어진 찬란한 소리로 꽉 차있습니다 소리는 들리는 것도 있지만 들리지 않는 소리도 숨어서 나고 있습니다

들리지 않는 소리 중에서 가장 큰 소리는 당신에 대한 생각인가 봅니다 다른 것이 제아무리 아름답고 향기가 짙게 나도 꽃을 보면 더욱 당신에 대한 생각이 깊어집니다

상원사 절은 산을 안고 앉아있습니다 안개가 산을 가리면 풍경을 울려 줍니다 멀리서 절이 있음을 알려 줍니다 절은 산속에서도 소리를 냅니다 절은 법고의 긴 여운으로 산을 내려가기도 합니다 절은 산속에 있지 않고 산 그림자를 만들어 개울물을 따라 내려가기도 합니다

물이 아닌 내 생각도 산빛처럼 당신에게 다가갑니다

도시의 수직화

겨울도시 거리는 드라마 세트장처럼
결혼예식장 건물 사이에서 없어진다
할로겐 불빛으로 반사된 도시는 현혹의 빛을 발한다

도시 로프 맨은 가느다란 밧줄에 매달려
유리를 닦아 내리고 있다
고층건물 외벽을 헐어낸다
현기증의 도시는 수직한다
엘리베이터의 승강을 위해 도시는 상하로만 움직인다
사람들도 상하로만 움직인다

곤도라
컨트리크레인
로프…………에 매달린 도시는 상하로 움직인다
자오선은 유리벽으로 출입한다
다혈질의 사람들은 수직으로만 움직인다
고혈질의 사람들도 수직으로만 움직인다

도시는 수직화 되었다
도시는 칼날처럼 번뜩이며 아파트를 세운다
나무를 먹으며 풀을 먹으며 도시는 아스팔트를 깔고 눕는다
관악산의 지대지 미사일 기지를 넘보며
도시는 수평을 잃고 수직으로 일어난다

내 젊은 날의 지도

1.

나는 푸른 풀의 녹색혁명의 캠퍼스 넓은 광장 모퉁이 조지훈 시학강의실이 있는 언덕을 따라 라일락꽃 향기를 내 몸에 바르며 해맑은 도서관 석탑 돌집 정적이 머문 의자에 앉아 지용의 시집을 읽으며 탐미한다

2.

긴치마와 꽃 동정 볼록한 젖가슴 눈동자의 깊은 호수에 출렁이는 숨소리 황홀한 7색의 아름다운 무늬로 수를 놓은 무지개가 펼쳐진 젊은 날의 추상화 한 폭을 나만의 지도를 그려놓는다

3.

첩첩이 작은 퇴로 쪽방을 찾아 꽃방 문을 열고 숙성한 내 도가의 욕정을 퍼붓는다 내 동정의 삼각 실점 창녀촌 종삼 골목에서 그녀의 젖가슴에 파묻혀 꽃 싹을 싹둑 잘라낸 나는 긴 여정으로 도주한다

4.

내 하체에서 발기하는 젊음 내 머리에서 이글거리는 이상 다이너마이트처럼 넘어지면 터질 것 같은 견디기 어려운 사랑을 품고 나를 눈뜨게 한 신음의 고막 내 발기한 성기 용접기를 들고 그녀 처녀막을 뚫고 육신을 녹인다 그것 밖에 내 몸이 할 수 있는 것은 없었다

5.

사정의 천형으로 초혼을 잠재우고 스물 한살 욕정을 유발시킨 그녀의 입술을 간음하며 시퍼렇게 칼을 빼고 버티어선 내 청춘의 원죄 주홍글씨의 헤스터 그녀의 꿈을 꾼다 나를 잠에서 깨어나게 한 17살 창녀 그녀는 내 젊음의 오한을 잠재운 자궁, 질을 열고 나를 보내준 헤스터 플린…

산의 여백

깊은 산 화전 터 절
석등에 산안개 감기면
절은 조금씩 산을 들어냅니다

새파랗게 녹아 흐르는
약수 물소리는
산을 나온 최초의 소리입니다

안개에 늘 갇히는 암자
산신각 석탑을 도는 바람소리
나무숲에서 우는 산새들
모두 적막을 깨려 합니다

산이 아무리 입 다물고 참으려 해도
산은 숨어서 웁니다
산을 깨는 물소리만
유유히 산을 흘러갑니다

원(圓)에 대한 갈망과 좌절

원은 비어 있다 공명의 팽팽한 긴장이다 원은 무중력이다 원은 팽창이다 닫힌 팽창은 열린다 팽창은 다시 팽창한다 팽창해도 나는 밖을 열지 못한다

원은 굴러간다 원은 원초의 욕구다 원은 욕구의 원을 원한다 욕구의 원은 질구다 원은 닫혀있다 원은 안으로 수축한다 원은 긴장이다 원은 모습을 보이지 않는다

원은 비어 있다 쏟아버려도 늘 질구처럼 빈다 원을 비벼대며 오르려 한다 원은 둥근 벽이다 원생대 표층이다 나는 곧잘 원 앞에서 벌레가 되어 있다

원은 클리토리스의 언덕이다 원은 늘 팽창해 있다 도킹이 없는 우주 유영의 무중력에 부유한다 나는 중력을 먹어치운다 극대화와 극소화에 도달하며 수축한다 팽창된 클라이맥스에 원은 팽대한다

갈망의 도태와 좌절 혼돈의 벽을 뜯어낸다 피투성이가 된 내 입술은 붉은 절망을 먹는다 원은 열애의 벽이다 내가 기어오르는 디프론의 문과 벽으로 둘러싸인 타르타로스의 원은 태초의 용암이다

구획정리 적색 깃발

1.

밭 가운데 빨간 깃발을 꽂았다 히틀러의 적색깃발처럼 펄럭인다 농토를 갈아엎기 위해 선을 긋는다 붉은 점선에 들어있는 잡풀과 집 공장이 헐린다 시골 도정공장도 벨트 돌아가는 소리를 죽이고 헐려야 한다 빈집도 쫓겨나고 방목장의 낮은 곳도 헐어낸다

2.

뽕나무밭도 일부 헐리고 과수원 배 꽃피는 언덕도 이천 평도 복사꽃 연붉게 피어나던 언덕배기도 밀어낸다 불도저의 굉음에 밀려나는 도랑의 좁은 샛길도 없애고 제비들 날아와서 봄소식 전해주던 기와지붕이 있는 고택도 헐어낸다 양지바른 언덕에 효자비 묘지도 이장하고 산허리 뼈를 발라내듯 흙을 갈아엎는다

3.

강이 보이던 곳도 매립되고 능선 해가 뜨던 곳도 헐리고 느티나무 그늘도 밀어내고 당상나무 뿌리도 파내고 수평으로 밀어낸 고향 새마을 깃발 양곡창고 울엄니 평생 일하던 간 내 밴 부엌 고추 텃밭도 밀어냈다

어느 날 불도저의 밀렵으로 없어진 고향은 상전벽해(桑田碧海) 꿈엔들 잊을까 밀려난 작은 동산 빨간 열매를 달아주던 대추나무 백일홍 꽃 피 감싸주던 싸리 울타리 초승달이 창호문살을 달토록 지켜주던 사랑방 새끼 꼬던 곳도 이제는 평평한 노지(露地)가 되었다

4.

빨간 깃대 꽂힌 구획정리 삼각점의 푯말 거기에는 누이가 길어주던 샘터 금사댕기 늘어뜨리고 물을 길어 나르던 앞 도랑 샛길 고향은 손바닥만큼 남은 자투리땅 그래도 엄니 가을이면 쑥쑥 깨꽃이 필라요 엄니

하늘 끝 부분

공지에 있는 하늘은
꽃이 피어나도
늘 외롭다

나무에 찔려 있는 듯
산 위에 기대 있는 듯

하늘 끝은
언제나 비어 있어
구멍처럼 들어가고 싶다

냇물에 떠내려가는 하늘은
여적(餘滴)의 빈집

벌판으로 하늘을 물고 내려온 새들은
나뭇잎에 하늘을 매달고 있다

6월의 마지막 데모크라시

장마전선이 북진하고 있소 저기압 골에 한반도 작은 나라가 끼어 있소 노동쟁의 붉은 깃발 부딪는 삼엄한 광장 아우성 또 아우성치는 노동의 깃발 펄럭이는 광장에도 비가 오고 있소

방패를 든 전투경찰이 그대들 앞에 서 있소 얼마 전에 나는 그 자리에서 임무교대하고 이 자리에 서 있소 6월과 7월의 임무 교대처럼

꽃피고 지는 대치의 붉은 깃발 찬란한 발전을 위해서 서로 대립하는 것이오 오늘은 과격하게 당신이 휘두른 몽둥이에 매를 맞고 내 사지에 시퍼렇게 멍이 들었소 화가 풀린다면 몽둥이를 더 휘두르시오

아 그대들이어 나도 그렇게 임무교대하고 서 있소 6월 신록이 당신이 휘두른 몽둥이에 맞아 시퍼렇게 멍이 들어 있소 벌판을 지나가는 바람에 매를 맞고 신록의 나무 사지마다 푸른 멍이 들어 있소

살구나무에 신맛 나는 열매 달아매고 검푸른 신록은 멍을 풀어내고 있소 7월의 열대 혼효림의 아득한 적막으로 들어 퉁퉁 부어오른 산 여울 아픈 멍을 풀어주오

5부

모란이 피기까지

9월이 오는 소리

실개천에도 맑은 물 흘러가고
논두렁길 따라 살던 메뚜기들도
논 속 물방개도 어디론지 떠내려한다

아침이슬 먹고 자란 물봉선화
앞마당 향유 꽃무릇 그대 못 잊어
접시꽃 붉게 달아오른다

먼 산 구름도 꽃길을 지나며
옥수수 가지에 수염을 달고
풋대추는 빨갛게 여문다

과수원에는
햇과일 익는 냄새
푸른 사과 향으로
9월은 빨갛게 익는다

가을 산

산을 깎아먹은 냇물 소리
돌 틈에 산빛 눌러 놓고

어수리 꽃밥 먹고
산새도 나는 걸 보면
이 가을도 깊어간다

절에서 번뇌 몸뚱어리
벗고 어고 은판
차례로 울려 쫓아내도

산이 걸어와 냇물에 흘러들고
산이 숨어와 절에 드니

굴참나무에서 우는 산새
가을 산을 비벼내는 소리
약숫물 대롱 타고 흘러간다

남한산성 물봉선

산성축대를 오르다가
피멍든 손가락
아리도록 아픈 게다

숲속에 촛불을 켜고
기다리는 날
불빛 새어 얼룩얼룩 풀꽃도 피고

지화문 앞
뼈 들어낸 느티나무 그늘에서
울음 터는 물봉선
천년 그리움 못 이뤄 아픈 게다

피다 지다
그리움의 토악질
물봉선 빨간 입술 부르트도록 아픈 게다

내 밥입니다

그리움은
내 밥입니다

늘
배고플 때
먹는 꽃밥입니다

봄이면
온 천지가 내 밥상입니다

마음이 불러옵니다
아름답게 불러옵니다

남해바다 동백꽃

선홍빛으로 바다 물들이는 동백꽃
몽돌 해변에서
겨울 꽃 소식 제일 먼저 전해오는 동백꽃

눈 시린 겨울 단애의 바다에서
꽃 입술 떨며
바다 멀미 꽃 멀리
질려있는 여차리 동백꽃

동백 섬 꽃배 떠서
겨울을 물들이고 오는
꽃배 지심도(只心島)

후박나무, 소나무, 동백나무 어우러져
붉은 꽃송이 비단처럼 깔아놓은
동백 숲 터널

동박새, 직박구리
오솔길을 열고 우는 섬새

그 바다에는 병태도, 매물도, 가왕도, 다포도
동백꽃 바다 위에 떠있는 징검다리 섬

남해바다 섬을 밟고 오는
빨갛게 언 바다
섬 섬을 물들이고 오는 겨울

하늘과 땅 부딪쳐서

산속 깊은 곳에
구름 꽃 피었구나

노루삼
구름송이풀

바람 한 점
물들이고 가는 꽃밭인가

노랑저어새
울음 딛고 가는 꽃밭인가

울음 끝난 자리
표시하는 솜다리꽃

이 깊은 산속에
꽃은 왜 피는지

하늘과 땅 부딪쳐서
공명한 자리 표시하는
꽃표

그 경계 안에 절이 있고
사람이 살고
새도 살고 그런 자리

단청 불국사(丹青 佛國寺)

절 단청에는 꽃이 만발하게 피었다
새들도 날아와 지붕을 받들고 울어난다
불국사 수미단(須彌壇)
석가삼존불(釋迦三尊佛)

황금빛 찬란한 무늬의 단청에는
극락조 여러 마리가
단청 석가래를 휘감아 쥐고 하늘로 날아간다
천의 얼굴을 바꿔가며 나는 비천용
발가락에 끼어 올라가는 대웅전
하늘에 떠있다

옥색 단청
푸른 단청
하얀 단청
서로 어울려 색조를 이루고
아름다운 색감을 엮어내서
무영(無影)으로 밝히는 절 뜰

처마 끝에 매어 단 풍경 울리면
꽃 단청 꽃을 피우고
새 단청 무늬에서 새들 날아오르는 토함 자락

님 앞에 자비 연꽃 둥둥 떠서
꽃무늬 문 활짝 여는 비등의 경지
단청 불국사

당신의 살처럼

성냥 알처럼 나란히
빨간 머리를 같이 대고 누워
충돌의 긴장으로 대등합니다

좁은 성냥갑 안에서
한 개피 꺼내서

확 문질러 댑니다
확 불이 붙습니다
확 뜨거워집니다
확 불을 댕깁니다

당신의 살처럼
그리움도 그랬습니다

더 낮은 곳

와송
이끼 낀 절 용마루

단청 꽃 곱게 얽어
풍경 울리며

영원대천 꽃상여
노을에 곱게 물들여

산속 물소리
낮은 데로 띄워 보내네

영원은 낮은 곳
더 낮은 곳

그곳에 있네

도갑사 해탈 꽃

미왕재
통천문을 넘나든
억겁의 바람
달빛을 밟고 아픈
절 동백꽃나무
번뇌 빛이 되어 삭는
도갑사 꽃 단청
빛을 먹고
천만년 해탈 옷 걸친
석조여래좌상
절 뜰 달빛
석조(石槽) 안에
은화 먹고 피는 해탈 꽃
대 조롱 물 따라 흘러가서
물이 되는 구림천
안개꽃
달빛은 그렇게
물이 되었다
바람이 되었다
끝내 다시 어두운
빛이 되었다

동자꽃

산 길섶 동자꽃
가야동 계곡 물소리 듣고
새소리 듣고 피어나고

새소리 멀어질 때
물소리 삭혀질 때
지는 동자꽃

설령 꽃이 진다해도
산속에서는 또다시 피는 걸
어이 안타까워하리

떠있는 것은

절 빛 그늘 위에
부도암 수련꽃 폈네

떠있는 것은
물 위가 아닌 하늘이네

꽃 뿌리를
하늘이 받쳐주고 있네

세상도
땅이 아닌 하늘

더 깊게
기대게 하네

만경대에서

만경대에 올라서니
성릉, 공룡릉, 용아릉, 서북릉

아
이 절경을 어디서 옮겨왔나
어디로 가져가려다 놓았나
산속 깊은 곳에 가두었나

구름이 만든 절 산인가
운해가 머무는 공산인가

구름밭에 운해 밭에
살려 했을까
묻히려 했을까

산 것도 묻힌 것도
구름으로 떠있으니
이 세상 구름이 아닌가

모란이 피기까지

모란이 피기까지 4월은 더듬거리며 온다
꽃들의 동정을 살피며 담 뒤에서 기웃거리며 온다
말하지 않고 꽃을 피우고 향을 따라가다 보면
꽉 막힌 그곳에는 모란향이
질리도록 아픈 심장하나 벌럭거린다
초연의 순정으로 다가선 나는 두런거리며 향을 들어 마신다
달콤하지 않다
향은 내내 폐부에서 딸꾹질을 한다
역겹도록 도도한 내 젊음이 피폐해진
심장을 복원하려고 기를 쓴다
나는 폐의 수선을 위하여 향을 가슴으로 일으키려 한다
4월의 향, 내가 우 하고 몰려가던 경복궁
돌담을 뛰어 넘지 못할 때 모란은 향을 피우며 건너왔다
효자동일대에 뿌려진 취루탄내를 모란향으로 바꿔주며
우르르 몰려가는 내게 깃발을 흔들어주며
그래도 살맛나는 모란향을 피워주웠다
사월은 무거운 외투를 벗고 활보하는 가벼운 계절,
꽃들이 도도하게 징검다리를 놓아준다
밟아도 꽃들은 꿈틀거리지 않고 찬란함을 보여준다
세상의 기쁨을 보여주는 꽃들은
내게 유일한 혁명의 깃발이다

목어(木魚)

물에 뜨지 못하고 허공을 맴도는구나
비늘이 다 벗겨져서 갈 수 없구나

스님 풀어주시지 그렇게 배를 치며
오장육부 다 꺼내버리고 매질만 합니까

속세 못 잊어 인연에 목매
죽도록 바동대며 살고 싶어 우는
목어가 되었구나

살려 주십시오 제발
냇물에 둥둥 떠서 바다로 떠나도록
때리지 말고 살려 주십시오

몰운대

정선 화암리 동대천 오산재 아래
천만년 죽순광장 화암종류굴
죽순으로 돋아난 돌꽃

광대곡 선녀폭포 칠보라빛으로 떨어지고
촛대바위, 구용소, 뱀소, 치소, 용소
구름이 떠놓은 발자국

천년토록 민둥의 억새꽃
몰운리 구름 뜨던 날
먼 물빛 소금강 절벽아래
어천 참피리 물을 차고

민둥의 억새풀 바람
구름 먹고살다 삭아지는 몰운대
석회암 돌리네(Doline)

지억산 해발 높은 달구덕 마을
살리라 살리라 구름 밭 위에
황기 장뇌 약초 뿌려둔
두멧골

무어라 말하리

할 말이 있다면 그저
이렇다 할 말을 못하는 것뿐
당신에게 나는 무어라 말하리

사랑에 대하여 정확하게 무어라 말하리
할 말이 있다면 어느 땐가
내가 당신을 실망시켜주는 그러한 일 말고는
무어라 말하리

나는 그것 말고 무어라 말하리
너무나 단조로운 사랑이 아픔처럼 느껴지는 것 말고는
당신에게 무어라 말하리
당신을 위하여 나 혼자서
깊은 울음을 참던 그런 것 말고는
무어라 말하리

풍무(風舞) 5

무료를 뜸 뜨던 바람
죽도록 속을 비우며
몸을 풀어내도
산이 커서 허전한 바람

산은 바람의 공지
춤으로 삭혀도 머물지 못하는 산
산이 막아서서 바람은 자꾸만
큰 울음이 되었다

산을 울고 다니던 바람
산 틈에 끼어 죽고
산새 밥이 되어 물려갈 때

바람은 산 매화 꽃잎에서
목을 트고 빨갛게 울었다

독한 향기에 찔려
씨를 뱉고 울었다

풍무(風舞) · 11

꽃가지에 앉은 산새
발로 톡톡 차서
이슬 털어 내고
햇살 떨어지는 아침

냇가 아카시아꽃
향을 풀어
개울물 갈아주고

들판의 먼 유막(柳幕)에 걸린 하늘을
끌어내리는 바람

들은 바람의 춤판
꽃불 놓고 불놀이하다
분신하는 바람

꽃이 사그러들 때
동반의 울음을 들꽃에 매어두고
바람은 실컨 울었지
또 오려고
벌판에 꽃표지판 만들어 세워두고 실컷 울었다

하나도 없네

구름과 바람이
스치는 것을
비켜 가는 것으로 알았네

바람도
공허도
그리움도
어떤 생각도

나를 비켜 가는 것은
하나도 없네

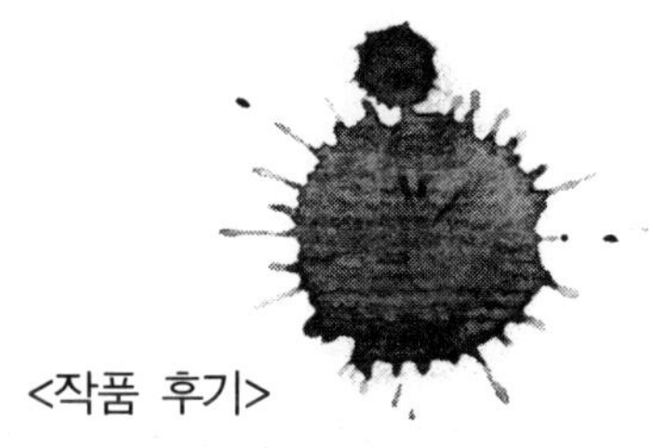

<작품 후기>

『허공에 집짓기』에 대한 시적 단상

- 서 창 원

<작품 후기>

『허공에 집짓기』에 대한 시적 단상

서 창 원

시를 쓴다는 것은 나에게 있어서 고행일 수 있다. 나는 이러한 시 쓰기에 몰두 하면서 언제나 시가 제대로 쓰여 지지 않고 시 쓰는 것이 때로는 내 걸음을 멈추기도 한다. 절벽 같은 것을 만나서 그 앞에서 기다리는 심정이 들 때도 있다. 그런 절망적이 창작임에도 나는 생각을 하고 시를 쓰기에 전념한다. 내 시적 세계는 경험적인 테두리를 벗어 날 수 없다. 시의 외적 내적 세계는 내가 경험하거나 내가 생각한 범주 내에서 속해 있는 것이다.

시가 경험적 관점에서 창작 될 수밖에 없다는 것은 바로 시의 진정성이 있기 때문이다. 허구의 소설처럼 가설을 세워서 쓰는 성질의 것 아니기 때문이다. 그럼 유독 시만은 어째서 가설을 내세워 쓸 수 없는 가이다. 그것은 시적 경험의 세계는 곧 현실이기 때문이다. 시는 현실에 바탕을 두며 현실에서 조망하고 현실에서 끝내야 하기 때문이다. 현재가 아니면 재미라는 시적 통징을 맛 볼 수 없는 것이다.

내 공허의 집에 살던
그리움은 유리벽처럼

더 단단하게 굳어졌다
투명하게 들여다보이지만 그리움은
유리벽 속에서 밖으로 나오지 못했다
하늘의 별처럼
그리움은 내가 슬플 때
초롱초롱하게 보였다

- 「허공에 집짓기」 부분

이 시에서 본다면 허공에 집을 짓고 머물게 하였던 그리움을 집을 헐어내고 그리움을 꺼내려고 할 때 나는 집에 가두었던 그리움을 내 마음대로 꺼낼 수 없다는 것이다. 집은 헐어낼 수 있지만 그 안에 내재적으로 존재하였던 그리움을 내가 어떻게 할 수 없음을 알게 된다. 그리움이 유착된 곳이 내가 아닌 피안의 다른 곳에 있음을 알게 된다. 나는 피안이 당신이라는 것을 알게 된다. 그리움의 유체는 피안의 당신에게 존재하고 있음으로 내가 어떻게 할 수 없게 객체화 된 것이다. 그리움은 내가 만들었지만 나로부터의 이탈하여 다른 곳에 존하고 있음을 본다. 이러한 시의 애매성에서 구체화되면서 시적으로 연상을 발아시키는 새로운 세계를 펼쳐준다. 그리움은 유리벽(당신)에서 밖으로 나오지 못한다는 대칭적 관계를 설정해준다. 시의 대칭성이라 이처럼 양자 간에 존재하는 불가항력적인 분립의 요소로서 존재하게 된다. 이러한 시의 내재적인 맛이 이의 원형이기도 하다.

그 먼 곳에 내 그리움 있는 줄 알았는데
아닌가 봐요 나는 수시로 내 안의

그리움의 풀 뽑아버리지만
당신이 그리워지면
어느새 무성하게 꽃 대궁이 자라나고
어느새 화사하게 무늬 지는 꽃밭 만들어지는 것을
지울 수 없는 당신의 그리움 한 평

– 「그리움의 땅한 평」 부분

위의 시는 당신이 내안에 만들어놓은 그리움의 땅 한 평이 존재하며 그 땅에서는 풀과 꽃이 자라고 알 수 없는 혼성의 무늬를 드리워 나는 풀을 뽑아버리고 하여 그리움이 선명하게 되기를 바라지만 그것은 내 욕심이며 내 마음대로 되지 않는 것이다. 그래서 소망하는 것이다. 내 힘으로는 그리움을 지울 수 없다고 호소하는 것이다.

스님
낙엽이 자꾸 떨어지는데
낙엽을 쓸어 무엇합니까
낙엽은
쓸 때만 비우면 됩니다
쓸 때만 비워도
비워지지 않겠습니까

– 「쓸 때만 비우면 됩니다」 전문

이 세상은 억겁으로 가려지고 변하고 충만 하며 혼탁해진다. 사찰 경내에서 두 스님이 낙엽을 쓸고 있다. 바람이 불어서 낙엽을 쓸면 곧 낙엽이 바람에 의해서 떨어지며 다시 낙엽을 쓸어야 할 것이다. 한 스님이 낙엽을 쓸어 내는 것은 바람이 불어 또 낙엽을 떨어뜨리니 낙엽 쓸기를 그만두자는 것이다.

선 스님이 말하기를 낙엽을 "쓸 때만 비워도 비워지지 않는가" 라고 화답한다. 이 행위는 시적인 반전이며 세상의 사상을 간결하고 단단하게 한마디로 결론을 내준 준엄한 메시지이다. 인간은 절대를 지향해 가지만 절대에 이르지 못하며 사람들의 행위는 어떤 범위 안에서 결정짓게 된다. 현재가 곧 삶의 본연이며 행동의 연속으로 일이 성취 된다는 것을 말해준다.

사랑은 점점
의문으로 다가 왔어요
이별로 눈물 흘렸어요
그리워서 눈물 흘렸어요
눈물로 다 지워버렸어요

- 「알 듯 했어요」 부분

인간은 감정의 폭발로 눈물을 흘리는 동물이다. 눈물을 인간만큼 사랑하는 동물은 이 지상에 없다. 눈물은 마음을 닦아주는 성체이기도 하다. 기쁨에 복 바쳐도 인간은 눈물을 흘린다. 슬퍼도 눈물을 흘린다. 경기에서 승리를 해도 눈물을 흘린다. 이 이중적인 배신 같은 것이 눈물이기도 하다. 눈물은 이렇듯이 알쏭달쏭한 것이다. 여인이 눈물을 흘리며 애원을 하면 보통 남자들은 녹아버린다. 눈물은 상대편을 녹이는 도구이기도 하다. 정말 알 듯하기도 하고 모를 것 같기도 한 것이다.

붉은 혁명이 일어났다
도도한 물결을 타고 혁명이 색깔혁명이 일어났다
우리들의 이데아에 혁명이 일어났다
낯선 빛깔들이 한반도를 점령했다
붉은 악마들이 쏟아놓은 밝고 고운 적조에 물들어갔다
서서히 속도를 내며 물들어갔다
동방이 빨갛게 클로모나스(chroomonas)로 물들어갔다
피의 혁명보다 진한 아집을 깼다
시민들은 적조 혁명하고 있었다

- 「적색깃발」 부분

적색은 우리 정서상 적으로 보는 것이 현실이다. 남북분단에 의해서 붉은 색은 북쪽 빨갱이 논이 그것이다. 빨갛게 물들었다는 사상적으로 북쪽을 의미하기도 한다. 그런데 우리나라에서 2002년 월드컵경기가 있던 때에 빨간 옷을 입고 군중들이 응원을 하며 적조의 물결로 운동장을 메워갔다. 적조가 아닌 열정과 힘의 폭발 같은 불의 함성으로 붉은 혁명이 몰아친 것이다. 아! 대한민국을 외치며 적색을 우리 쪽으로 끌어들인 것이다. 축구의 승리는 적색의 깃발과 유니폼으로 물결치며 도도하게 한반도를 물들여갔다. 그리고 노동쟁의에서도 붉은 깃발과 붉은 띠를 머리에 감고 폼도 당당하게 거리를 행진했다. 바다도 여름의 열기에 청정지역도 적조로 물들어 갔다. 바다에서 죽은 것은 양식장의 고기 들이었다. 가두리 양식의 고기들이 떼 주검을 하며 죽었다. 한반도는 이데아의 변신으로 엄중한 경고를 하였다. 혁명의 그때도 빨갛게 피를 흘리며 개죽음 하는 군중이 도처에서 신음하고

있었다. 적색의 혁명과 적색의 환호가 한반도를 가로 질러 갔다. 오열의 강을 만들고 변혁의 강을 만들고 노도의 군중들은 광장으로 나와서 아우성쳤다. 필시 어떤 것이 잘못 되었는지 군중의 함성은 늘 광화문에서 일어났다. 촛불을 들고 빨갛게 촛불을 들고 아우성치며 선혈의 함성을 지르며 군중은 제목소리를 냈다. 시민과 군중은 국가와 대결하는 데모크라시의 벽 같은 담 아래서 자유의 담을 넘으려 했다. 자유의 벌판으로 진격하기 위해서 아우성치고 격렬하게 울부짖었다. 자유와 부자유는 늘 효자동 근처에서 막혔다. 별이 빛나듯이 광화문광장은 적색 깃발로 물들어 갔다. 군중을 구조할 수 있는 것은 아무것도 없었다. 군중은 스스로 해산하고 스스로 물러가고 바다의 파도처럼 격랑과 물결로 출렁거렸다.

> 무량(無量) 색으로 칠해도 벗겨진 꽃단청
> 찬연히 빛 숨겨 아름으로 텄구나
> 산빛 녹아 흘러내린 자리 밟고
> 풍경(風磬)울며 떨쳐낸 천년 바랜 빛
> 절 주위에 피어난 산꽃 속속히 피워놓고
> 날다날다 가지 못하고 주저앉아 봉황이 된 절
> 아프게 있구나 삭히며 커 있구나
>
> – 「천등산(天燈山) 봉정사(鳳停寺)」 부분

절은 산에 있음에 나는 안동지역의 봉정사에 이르렀다. 절은 단순하게 대웅전과 산신각 그리고 요사채로 이루어져 간결하고 단정되어 있다. 자연과 호흡하며 절은 산과 간격해 있다. 절이

중생에게 알려주고 싶은 것은 무엇일까? 나는 불자도 아니다. 절은 산속의 휴양지처럼 그냥 적요로 놓여있을 뿐이다. 일주문을 들어서면 그 적요는 나를 물들인다. 약수 물을 떠 마시면 나는 절의 차가운 냉매에 젖어 불가역성의 어떤 깊은 골짜기로 점입해 들어간다. 대중의 절구경은 이처럼 무언의 소통으로 이루어진다. 밭으로 둘러싸여 있는 봉정사는 밭에 풀꽃을 피우고 있다. 일반적인 들의 꽃과 같이 어떤 차별되어 있는 꽃이 아니다. 절은 어떤 경계를 지워놓고 불자만 입장시키는 영화관도 아니다. 자유의 성지처럼 누구에게나 열려 있는 공방이다.

봉정사는 내 앞에 봉황으로 다가 왔다. 날아가지 위해서 날개를 달고 비상의 꿈을 꾸며 정좌하여 있었다. 이승과 속세의 구별을 지워놓고 차별하려는 것도 아니다. 그냥 있고 그냥 말하듯이 침묵하고 있을 뿐이다. 그런데 나는 마음속에서 많은 불경이 새어 나오니 이 무슨 이유인가. 자성의 목소리로 내부의 오염된 내 일상의 속설을 꺼내고 있었다. 내 육신의 내부를 정화 해주고 있었다. 자연은 위대한 교과서라는 페스탈로치의 선견을 들으며 나는 절을 뒤로하고 나온다.

내가 자져온 것은 없지만 나는 대웅전 안에 안치한 인등 불빛이 억겁의 불로 반짝이고 있음을 본다. 억겁에서 나는 시간의 경계가 없어진 오솔길을 걸어 나온다. 오솔길은 사람들의 발자국에 의해서 풀도 뿌리를 내리지 못하는 나대지이다. 이세상은 사람들이 밟아서 어떤 뿌리도 내리지 못하는 나대지일 뿐이다.

사랑하고 또 사랑해도 사랑은 영원히 채울 수 없는 갈증입니다
사랑이 제아무리 깊다 해도

목말라서 퍼준다 해도
끝없이 사랑은 갈증을 채울 수 없나 봅니다
내게 자생하는 꽃처럼
사랑도 절반의 유혹과 절반의 갈증입니다

– 「엽서시 · 3-병내리 자생식물원에서」 부분

나는 엄청난 오류를 범하며 사랑이 유혹과 갈증이 절반씩이라는 이분법적인 결론을 내렸다. 사랑이 도대체 과일도 아니데 과일처럼 따먹고 즐기는 그런 추악한 생각에서 유혹이라 했다. 사랑을 유혹이라 함은 내가 독선적이기 때문이다. 나는 병내리의 꽃밭에서 알게 되었다. 꽃밭을 걷고 있을 때 나는 나만 꽃밭에 있지 않고 나비와 잠자리들도 날아다니며 꽃밭을 차지하고 있었다. 나는 날아다니지 못하지만 나비는 날아다니며 언덕 위의 꽃밭도 모두 차지하고 있었다. 개울건너 편의 꽃들도 나비가 차지하고 있었다. 내가 차지한 것은 내 앞의 작은 화분 안에 들어 있는 야생화 한 폭이었다.

노을도 깔아뭉갠다
방죽 길도 깔아뭉갠다
개울도 뭉갠다

개울 언저리 떠있는 하늘도 깔아뭉개고
유엔군 진입로 만드는 병사들
깃대 꽂아두고 점령한 꽃동리

– 「유년의 판화 · 7」

이 땅의 모든 질서를 깔아뭉개는 전쟁이 시작되었다. 6.25 남북전쟁, 이데아의 전쟁, 동서진영의 전쟁, 한국전쟁은 한반도를 강타하며 유소년인 나를 방랑자로 만들었다. 화성 남문을 폭격할 때 나는 무의식적으로 도랑에 엎드려 생명을 갈구 하였다. 내게 생명이라는 액체가 채워져 있음을 알게 되었다. 뜨거운 피가 존재하고 있음을 알게 되었다.

인간은 대결하고 전쟁하며 땅을 뺏고 땅을 갈아 뭉개도록 명령한다. 그 전쟁은 늘 인간을 상대로 하는 생과 죽음이라는 냉엄한 판단을 강요한다. 점령지에서 나는 포로가 된다. 나는 포로수용소에 갇힌다. 한반도에 UN군이 진주한다. 유엔군은 아름다운 꽃동리를 불도저로 밀어 버린다. 길을 내기 위해서 개천도 깔아뭉갠다. 동리에 있던 싸리 울타리도 뭉갠다. 접시꽃도 깔아뭉갠다. 불도저는 굉음을 내며 초가집도 깔아뭉갠다. 새로운 땅의 질서는 길을 만들며 이루어진다. 진군의 행렬이 도도하게 길을 따라서 탄약과 탱크를 밀고 들어온다. 탄약 앞에 나는 포로가 된다. 내 추억도 포로가 된다. 갇힌다. UN점령지 한반도 화성의 남문근처는 아메리카 성조기가 펄럭이면서 미국령이 되었다.

수리조합의 둑길도 미군이 점령하였다. 점령지 화성에서 나는 아무것도 할 수 없었다. 강냉이 밥 한 그릇으로 하루를 연명하는 것뿐 나는 아무것도 할 수 없었다. "기부 미 껌"이라는 영어를 씨불이며 거지가 되었다.

꽃도 절 뜰에 와서 백팔번뇌 잊고자
천배 만 배 절하며 피어나는 걸
입만 가진 꽃인들 더 애잔하지 않으리

산에도 꽃으로 냇물소리 터주고
절에도 분향으로 사람마음도 터주고
송광사 촛불 대신 작약꽃불 피웠다

– 「송광사 작약 꽃불」 부분

절에 꽃을 심는 건 금기되어 있었다. 꽃을 보면 스님들이 정진하는 데 방해가 되어 색을 발하는 꽃을 심지 않았다. 그런데 언제부터인가 절에는 꽃을 심어 화려하게 꾸미고 가꾸게 되었다. 절에서 꽃이 피는 것을 금지한다는 것은 차별이 없는 신앙과 모순이기 때문이다. 자연으로서의 꽃을 피게 하는 것도 신앙의 본심이기에 더욱 그렇다. 송광사에는 그 초입이나 일주문 주변에 작약꽃을 심었다. 활짝 핀 작약꽃은 불길로 절 안으로 번지는 것 같았다. 절이 바람이 난 듯이 아름다운 꽃을 심어 꽃불을 놓고 있었다. 절도 바람이 날만하다.

꽃피는 소리만 들으니 얼마나 답답하고 숨이 막히겠는가. 그렇구나. 절이 마음을 닫아걸고 사람들에게 마음을 비우라니 도대체 그게 될 말인가. 본심이 없는 부처님을 누가 믿겠는가. 친숙해지기 위해서는 속세의 꽃도 받아드려야 한다. 그래도 화무십일홍 아닌가. 열흘만 참아주면 그뿐이지 않은가. 108번뇌도 참는데, 100일 기도도 하는데, 화무십일홍, 10일을 참을 수 있지 않은가.

너도바람꽃
바람 따라 꽃 몸 날려버린 산등성
능선 햇볕 받아 핀 노랑제비꽃

산이 아프면 이토록 꽃으로 아플까
산속 속이 아프면 이토록
꽃밭 만들어 놓고 아플까

– 「소백산 너도바람꽃」 부분

산속은 꽃이 피고 지는 자유스러운 곳이다. 바람에 의해서 꽃씨가 날려서 번지기 때문이다. 그런데도 불구하고 산에는 몇 가지 꽃만 피고 다른 꽃은 피지 못한다. 꽃은 적당한 기온과 바람과 자양과 토질이 필요하기 때문이다. 야생화는 숲에 숨어 피는 것이 보통이지만 산의 바람에 대부분의 꽃들은 피지 못한다.

진달래꽃은 산속에서 처연하게 산의 억척스러운 바람과 습기와 싸우면 찬연히 피어나는 유일한 꽃이다. 산이 꽃을 피우고 처연히 안주해 있다. 그럼에도 산은 바람으로 잉잉거리면 운다. 꽃의 아름다움에도 산은 이렇게 바람으로 운다. 꽃이라 하여 모두에게 아름다운 게 아니다. 그러나 나는 꽃을 추하게 볼 수 있는 자격이 없다.

중봉 풀 섶을 헤매는 산나물 캐는 아낙네들
구름 따라 천리만리 독 오른 임도
장구목이골의 두릅나무

빨간 울음 달아매고 피는 산앵도나무
산이 깊어 울음도 꽃이란다

– 「가리왕상 가는 길」 부분

나는 “산이 깊어 울음도 꽃이란다”이라 말한다. 산앵도 꽃이 핀 가리왕의 내홍이다. 여기서는 산의 아픔을 말한다. 산이 왜 우는지 모르겠다. 큰 산도 바람으로 꽃나무를 잡고 운다. 허망해서, 아름다워서, 지척이어도 가질 수 없어서, 사람들의 인정도 같다.

내 슬픔의 √값 / 무한 소멸 / 3.1415926535897932…

– 「슬픔의 √값」 부분

내 슬픔은 무한 소멸이라는 역설이다. 슬픔은 소멸하지 않고 반지름 안을 맴돈다. 3.1415926535897932……, 파이 값이다.

기다리는 것도 나의 원점
그리운 것은 당신의 원점
두 원점은 서로 만나지 못하는
지척일 뿐
기억으로만 환원해 오는 당신

– 「기억으로 환원해오는 당신」 부분

원점을 만드는 것은 표본오차일 뿐이다. 그리움도 나와 당신간의 표본오차이다. 그 작은 오차로 인해서 당신의 사랑을 받기에는 너무 먼 거리에 있다.

수평은 언제나
무너지는 무게이다

당신과 나를 매다는 수평은
늘 무너지거나 기울어진다

그리움도 무게가 있어
수평을 무너뜨리기도 한다

– 「수평의 붕괴」 부분

그리움의 무게는 얼마나 될까. 그리움에는 무게가 없다. 거짓말을 해도 통하는 것이 시이다.

산이 아무리 입 다물고 참으려 해도
산은 숨어서 웁니다
산을 깨는 물소리만
유유히 산을 흘러갑니다

– 「산의 여백 」 부분

산이 아무리 입 다물고 참으려 해도 숨어서 운다. 산이 숨은 적이 없는 데도 산이 숨었다고 한다. 산이 원래 숨어 있는 곳인데 다만 개울물만 숨지 않고 흘러가며 산을 나올 뿐이다. 개울물만 숨지 않고 소리 내며 흘러간다. 내가 산이 된지도 상당히 오래 전이다. 내게서 흘러가는 개울물 그 파장의 소리는 어느 곳까지 흘러 갈 것인지 알 수 없다. 분명한 것은 물이 당도할 바다가 있다는 것은 확실하다.

하늘 끝은
언제나 비어 있어
구멍처럼 들어가고 싶다

냇물에 떠내려가는 하늘은
여적(餘滴)의 빈집
벌판으로 하늘을 물고 내려온 새들은
나뭇잎에 하늘을 매달고 있다

– 「하늘 끝부분」 부분

나는 하늘의 존재를 새들이 갖고 노는 하찮은 존재로 우습게 본 것이다. 그럼에도 하늘은 지엄한 곳이며, 하늘은 하나님이 계신 곳이며, 하늘은 천국이며, 하늘은 절대이며, 하늘은 무한이며, 하늘은 깊은 곳이며, 하늘은 불멸이며, 하늘은 소원이며, 하늘은 비를 내려 주는 곳이며, 하늘은 은하수를 품은 별나라이며, 하늘은 꿈을 만들어주는 절대이며, 하늘은 도달하지 못하는 억조광년의 끝이며, 하늘은 무한이며, 하늘은 자비이며, 하늘은 사랑이며, 하늘은 시인의 나라이며, 하늘은 구름이 머무는 곳이며, 하늘은 꽃을 피워주는 샘이며, 하늘은 죽음을 받아주는 곳이며, 하늘은 땅에 심은 감자열매를 달아주는 손이며, 하늘은 거룩한 인간의 허망도 받아주는 곳이며, 하늘은 만물에 빛을 내려주는 곳이며, 하늘은 아름다운 꽃을 피워주는 빛이다.

그리움은
내 밥입니다

늘
배고플 때
먹는 꽃밥입니다

- 「내 밥입니다」 부분

얼마나 배가 고프면 그리움을 씹어 먹고 살겠는가. 그리움은 내게 언제부터 밥이 되어 있었다. 내가 병실에 누워 환자로서 아플 때도 그리움은 내 앞에 턱을 괴고 나타나서 들볶아 댔다. 내가 외롭게 산길을 걸어 갈 때도 그리움은 뒤에서 나를 잡아채며 괴롭혔다. 봄이 와서 꽃밭에서 모란냄새를 맞고 있을 때도 그리움은 향기를 뿜으며 나를 괴롭혔다. 그래 한번 당신을 잘못 본 것이 이토록 모진 고문이 될 줄이야…….

4월의 향, 내가 우 하고 몰려가던 경복궁
돌담을 뛰어 넘지 못할 때 모란은 향을 피우며 건너왔다
효자동일대에 뿌려진 최루탄내를 모란향으로 바꿔주며
우르르 몰려가는 내게 깃발을 흔들어주며
그래도 살맛나는 모란향을 피워주웠다
사월은 무거운 외투를 벗고 활보하는 가벼운 계절,
꽃들이 도도하게 징검다리를 놓아준다
밟아도 꽃들은 꿈틀거리지 않고 찬란함을 보여준다

- 「모란이 피기까지」 부분

4.19는 공명하지 못한 부정선거에 의해서 일어났다. 공명선거라는 민주주의의 원본을 들여오지 못하고 어설픈 민주주의를 표

방하여 부정을 저지른 데서 일어난 봉기이다. 4월은 잔인한 달이다. 모란꽃이 피는 꽃철임에도 꽃밭에 취루탄을 쏘며 데모대를 해산시켰다. 꽃이 피는 것을 어떤 방파 막으로 막을 수는 없는 것이다. 꽃은 자연에서 눈뜨고 자연에서 아름다움을 선사한다. 그 아름다움처럼 민주주의는 시민에서 나오고 시민에 의해 움직인다.

한국의 민주주의는 4.19를 기점으로 정립되어갔다. 경복궁과 효자동 모란꽃이 피는 곳에서 데모는 계속되었다. 경복궁 담을 너는 것은 오직 모란 향뿐이었다. 취루탄 냄새를 모란향으로 계속 바꿔주었다. 아뿔사! 모란꽃도 데모를 하며 우리들 곁에서 아름다운 목을 내밀고 있었다.

속세 못 잊어 인연에 목매
죽도록 바동대며 살고 싶어 우는
목어가 되었구나

살려 주십시오 제발
냇물에 둥둥 떠서 바다로 떠나도록
때리지 말고 살려 주십시오

– 「목어」 부분

절은 잔인한 곳이다. 온갖 매질을 자행하는 곳이다. 북을 때리고 치며 웅웅 울게 한다. 쇠가죽을 둘러쓴 북을 치고 때리고 한다. 북은 우우하며 울음으로 울어댄다. 절은 소를 때리는 잔인한 곳이다. 무고한 목어를 때리고 아프게 한다. 스님은 매를 들고 목어 배를 때리며 치고받는다. 목어가 무슨 죄를 그렇게 지었는지 목어의 배를 긁어대며 때린다. 목어는 울음을 참으며 견딘다. 드르륵 드르륵 목어는 참았던 울음을 토한다. 스님 이제 그만 때리고 살려 주십시오

나는 간절히 원한다. 스님은 그래도 하루에 한번은 매질을 한다. 치욕의 절에서 목어는 피를 쏟고 죽었다. 각혈을 하고 목어는 죽었다. 죽은 목어를 스님은 매일 육시처참 한다. 지옥의 참사가 늘 절 안에서 벌어지고 있다. 절은 지옥이다. 종루에 목어의 시신을 걸어 놓았다.

스님 왈 절은 지옥이 아니라 천국이 니라. 천국은 때리는 것을 아픔으로 생가하지 않고 즐거움으로 생각하는 곳이다. 네가 천국에 들지 못해서 때리는 것을 아픔으로 생각 할 따름이니라. 허고얀지고. 알라 알아야 하느니라.

구름과 바람이
스치는 것을
비켜 가는 것으로 알았네

바람도
공허도
그리움도
어떤 생각도

나를 비켜 가는 것은
하나도 없네

– 「하나도 없네 」 전문

나를 중심으로 이루어지는 형이상학적 현상은 늘 나에게 의문을 던져준다. 내 주변을 둘러쌓고 있는 구름, 바람, 공허, 따위의 소속이 불분명하기 때문이다. 이 불분명함은 나로 하여금 시를 쓰는 동기가 된다. 사유의 불확실성은 늘 관심의 표적으로 떠오른다. 그러나 이들 사물의 표적들은 나와는 거의 상관없이 독자적으로 움직이며 존재한다. 다만 나는 이들을 인식의 틀에 넣어 보려고 할 뿐이다.

서창원 시인의 주요 경력과 국가계획수립

◈ 주요경력

○ 고려대학교 국어국문학과 졸업

○ 건국대학교 행정대학원 도시계획학과 졸업

○ 건국대학교 행정대학원 도시계획학회 회장

○ UNDP 일본 나고야센터 국토·지역계획 수료

○ 국토건설종합계획 심의회 전문위원

○ 경제기획원 경제사회발전계획 지역계획위원

○ 건설기술연구원 건설기술유통협의회 위원

○ 충청북도 도시계획위원

○ 충북개발연구원 선임이사

○ 국토개발연구원 자료실장

○ 국토개발연구원 수석연구원, 연구위원

○ 국토종합개발계획수립(1차. 2차. 3차 10개년국토종합개발계획)

○ 국토개발 및 도시계획 특급기술자

○ 국가상훈인물대전 인물 편 현대사의 주역 등재

◈ 주요 국가계획수립

○ 1979. 국토장기구상연구

○ 1982. 제2차 국토종합개발계획(1982~1991)

○ 1983. 대전 시범지역생활권개발 계획연구

○ 1984. 1992 제2차 국토종합개발계획의 추진실적평가(Ⅰ-Ⅸ)

○ 1885. 국토이용의 극대화방안 연구(Ⅰ)

○ 1986. 건설 25년사, 건설부

○ 1990. 국토개발의 평가와 과제

○ 1991. 도종합개발계획의 평가 및 수립지침

○ 1992. 도종합개발계획의 평가 및 감리

○ 1993. 충주호 주변특정지역지정 및 계획

○ 1993. 강원 고랭지특정지역지정 및 계획

○ 1993, 국토개발행정체계의 개선방안

○ 1994. 광역개발수립지침

○ 1995. 충주과학산업단지 개발계획수립

○ 1996. 도포로 보는 국토개발사연구

○ 1996. 지방화시대의 국토계획의 성격과 위상정립에 관한 연구

○ 1996. 국토 미래상에 관한 연구

○ 1997. 제3차 국토종합개발계획성과 및 분석연구

○ 1998. 도표로 본 국토공간구조의 변화

◈ 주요 국토계획수립 참여

○ 1962. 서울 -인천특정지역계획안 (62. 11 - 67. 12)

○ 1967. 대국토건설계획 안 (67. 1 - 12)

○ 1964. 특정지역계획수립(태백산. 아산 - 서산. 울산. 영산강)

○ 1967. 국토계획기본구상(67. 8 - 68. 12)

○ 1969. 제1차 국토종합개발계획수립(69. 1 - 71. 12)

○ 1972. 수도권기본계획수립(72. 2 - 73. 2)

○ 1974. 대도시인구분산정책(74. 11 - 75. 1)

○ 1976. 국토 및 산업입지계획(제4차 5개년계획)(76. 1 - 76. 12)

○ 1976. 반월신공업도시계획(76. 10 - 12)

○ 1977. 수도권정비기본계획(77. 7 - 78. 10)

○ 1979. 제2차 국토종합개발계획 수립(79 - 81)

◈ 주요 국가계획 타스크포스 참여

○ 1964. 제주도 자유지역 지정에 관한 연구(1964)

○ 1966. 제주도 종합개발계획 수립 (1966)

○ 1976. 신행정수도 연구(1976)

○ 1976. 신도시 입지설정에 관한 연구(1976)

○ 1979. 충청북도 종합개발계획 수립 (1979)

○ 1979. 충청남도 종합개발계획 수립(1979)

○ 1979. 강원도종합개발계획 수립 (1979)

○ 1985. 고속전철 파급효과에 관한 연구(1985)

◈ 상훈

○ 1970. 건설부장관 표창(제1차 국토종합개발계획수립유공) 건설부

○ 1970. 건설부장관 표창(모범직원) 건설부

○ 1971. 국무총리 표창(제2차 국토종합개발계획수립유공) 총무처

○ 1976. 부총리 표창(제4차 경제개발 5개년계획수립) 경제기획원

○ 1992. 건교부장관 표창(제3차 국토종합개발계획수립유공) 건교부

◈ 연락처

○ 휴대폰 : 010- 5359-3540

○ 집전화 : 031-818-3543

○ 이메일 : scw77@naver.com

○ 홈페이지 : http://cafe.naver.com/scw77

서창원 제3시집

허공에 집짓기

초판인쇄일 2016년 7월 11일

초판발행일 2016년 7월 16일

지은이 : 서창원

발행인 : 김순진

편집장 : 전하라

디자인 : 김초롱

펴낸곳 : 문학공원

등 록 : 2004년 3월 9일 제6-706호

주 소 : 우편번호 03382 서울 은평구 통일로 633
녹번오피스텔 501호 스토리문학사

전 화 : 02-2234-1666

팩 스 : 02-2236-1666

홈페이지 : http://cafe.daum.net/yob51

이메일 : 4615562@hanmail.net

※ 책값은 뒤표지에 있습니다